Gabi Rimmele

Tausche Chaos gegen Leichtigkeit

So entrümpeln Sie Ihr Leben

Patmos Verlag

MIX
Papier aus verantwor-
tungsvollen Quellen
FSC® C083411

Für die Schwabenverlag AG ist Nachhaltigkeit ein wichtiger Maßstab ihres Handelns.
Wir achten daher auf den Einsatz umweltschonender Ressourcen und Materialien.

Bibliografische Information der Deutschen Nationalbibliothek
Die Deutsche Nationalbibliothek verzeichnet diese Publikation in der
Deutschen Nationalbibliografie; detaillierte bibliografische Daten sind im Internet
über http://dnb.d-nb.de abrufbar.

Umschlaggestaltung: Finken & Bumiller, Stuttgart
Umschlagabbildung: 465644©suze/photocase.de
Druck: CPI-Ebner&Spiegel, Ulm
Hergestellt in Deutschland
ISBN 978-3-8436-0638-7 (Print)
ISBN 978-3-8436-0639-4 (eBook)

Inhalt

Einleitung: Entrümpeln – vom Chaos zur Leichtigkeit

»Mein Schrank quillt über, und ich müsste mich eigentlich von ein paar alten Klamotten trennen. Aber von welchen? Selbst bei Sachen, die ich schon ewig nicht mehr getragen habe, denke ich dann, ich würde sie vielleicht ja doch noch einmal anziehen – bei einer passenden Gelegenheit. Mir fällt es sogar schwer, meine abgetragenen T-Shirts auszusortieren, irgendwie hänge ich an ihnen. Und so wird das immer mehr.«

Geschichten dieser Art begegnen mir sehr häufig. Ich betreibe ein Tauschmobil, eine Art Schenkladen auf Rädern, und arbeite außerdem als Entrümpelungsberaterin. Dabei erlebe ich, dass viele Menschen sich mit dem Aussortieren und Wegwerfen alter, ungenutzter Sachen schwertun. Sie schieben es von Tag zu Tag, von Woche zu Woche, gar jahrelang vor sich her. Und so türmen sich die schleichend angesammelten Gegenstände immer weiter auf. Der Berg scheint unüberwindbar.

Was sich auf der äußeren Ebene in einem Zuviel an Gegenständen in der Wohnung zeigt, hat in aller Regel auch eine innere Dimension. Es sind tiefer liegende Ursachen, die Menschen an materiellen Dingen festhalten lassen. Der Prozess des Loslassens berührt emotionale Themen wie den persönlichen Umgang mit Veränderungen oder das Abschiednehmen. Auch kann sich ein Zuviel in anderen, immateriellen Lebensbereichen ansammeln. Viele Menschen leiden unter einem Zuviel an Aktivitäten und hetzen von Termin zu Termin. Andere fühlen sich unwohl in manchen Beziehungen, führen sie jedoch aus Gewohnheit oder aus anderen Gründen weiter. Das Phänomen des Festhaltens hat viele Dimensionen und Perspektiven. Deshalb begreife ich den Prozess des Entrümpelns als einen ganzheitlichen Prozess des Loslassens.

Das vorliegende Buch richtet sich an all die Menschen, die sich dem Thema des Loslassens und Entrümpelns in dieser ganzheitlichen Betrachtungsweise nähern wollen. Es bietet Anregungen, über sich selbst nachzudenken und sich im Inneren wie im Äußeren neu zu sortieren und alten Ballast loszulassen – Chaos gegen Leichtigkeit einzutauschen. Die hier angesprochenen Themen, Erzählungen und Übungen bilden die Grundlage für neue Handlungsmöglichkeiten. Das Entrümpeln kann die eigenen Energien wieder besser zum Fließen bringen und die persönliche Zufriedenheit und Lebensqualität erhöhen. Das Loslassen von Altem lässt Raum entstehen und verleiht dem Leben eine neue Leichtigkeit.

Meine eigenen Erfahrungen mit Entrümpeln und dem Tauschmobil

Vor mehreren Jahren habe ich angefangen, in meiner Wohnung auszumisten. Es war ein langer Prozess, der sich über ein paar Jahre hingezogen hat. Manche Bereiche fielen mir leicht. Nachdem ich beispielsweise einen Kleiderschrank gekauft hatte, war ich in der Lage, eine große Chaosecke mit offener Kleiderstange und aufgetürmten Utensilien loszuwerden, da mir nun genügend Stauraum zur Verfügung stand. Andere Dinge fielen mir schwerer und dauerten sehr lange. Insbesondere die drei Bananenkisten voller alter Briefe und Karten, die ich in meinem Elternhaus ⸱ ⸳⸱ dem Dachboden gelagert und dort vergessen hatte, ʷ⸳⸳⸳ ⸳ eine große Herausforderung für mich. Wᵣ ⸳⸳⸳ ʷegschmeißen konnte ich sie nicht so einfach, dafür wᵣ.ren zu viele Geschichten, Erlebnisse und Erinnerungen mit deₙ Briefen verbunden. Also arbeitete ich mich durch die Briefstaₜ el. Ich durchlebte meine ganze Jugend und mein frühes Erwaᵣ nsenenalter noch einmal neu. Dabei wühlte ich viele alte Erinneᵣ ₐngen auf, sowohl schöne Erinnerungen wie auch alten Schᵣ.erz, der mit bestimmten Lebensphasen verknüpft war. Ich ᵇ .uchte mehrere Monate, um die Briefe zu lesen und Stück für ₛtück auszusortieren. Am Ende blieb ein Bananenkarton voll übrig. Das war aber immer noch zu viel. Ich sichtete noch einmal die verbliebenen Briefe und Karten und setzte engere Kriterien beim Aussortieren an. Zuletzt blieb ein kleiner Stapel übrig und ich war zufrieden. Diese besonders wertvollen Briefe bekamen eine schöne Schachtel und durften bleiben.

Im Laufe der Monate und Jahre trennte ich mich von alten, abgetragenen oder unpassenden Kleidungsstücken, von doppelt vorhandenen Haushaltsgeräten, von einigen Büchern und allerlei Kleinkram. Ganz allmählich fühlte ich mich etwas leichter und beweglicher als vorher. Auch in meinem Inneren war durch das Aufräumen viel passiert. Zu Beginn des Prozesses hatte ich mich in einer inneren Stagnation befunden und hatte mich oft kraftlos und ziellos gefühlt, wie ein abgestelltes Auto ohne Motor. Während des Aufräumprozesses war vieles in meinem Leben wieder in Bewegung gekommen, sowohl in beruflicher Hinsicht als auch im privaten Leben. Ich hatte einen inneren Entwicklungsprozess durchlebt, bei dem ich mit manchen alten Mustern und Gewohnheiten aufgeräumt und manch innere Sperre aufgelöst hatte. Im Nachhinein erst wurde mir bewusst, wie das äußere und das innere Aufräumen parallel stattgefunden hatten und eng miteinander verknüpft gewesen waren. Am Ende fühlte sich mein Leben auf allen Ebenen deutlich leichter und befreiter an.

Ich fühlte mich gestärkt und hatte unerwarteterweise überschüssige Energie. Ich arbeitete in Teilzeit als Sozialarbeiterin und zusätzlich freiberuflich als Beraterin. Ich begann mich zu fragen, ob ich meine Arbeit aufstocken sollte oder wie ich meine Energie anderweitig sinnvoll einsetzen könnte. In dieser Zeit nahm ich öfter an politischen Fachtagungen teil, die sich mit dem Zustand und der Entwicklung unserer Gesellschaft auseinandersetzten. Während in der Politik wirtschaftliches Wachstum als Allheilmittel für alle Probleme propagiert wurde, gab es demgegenüber eine deutliche Gegenbewegung. Auf diesen Tagungen wurden die Teilnehmerinnen und Teilnehmer mit ökologischen Fragen konfrontiert. Die Frage der Lebensqualität jenseits von Konsum und Wachstum wurde thematisiert.[1] Die Idee des *buen vivir* (»gutes Leben«) der lateinamerikanischen indigenen Philosophie wurde lebhaft diskutiert. Deren politische Umsetzung wird beispielsweise in Bolivien und Ecuador erprobt. Zentrale Idee des *buen vivir* ist ein gemeinschaftliches Leben *im Einklang mit* und *nicht auf Kosten* der Natur und anderer Menschen. Gleichzeitig wurden verschiedenste Formen der konkreten Ressourceneinsparung vorgestellt. Es wurde sichtbar, dass immer mehr Menschen Dinge tauschen, verleihen oder verschenken, die sie nicht mehr selbst benötigen, um so Ressourcen zu schonen. Im Internet entstanden und entstehen weiterhin unzählige Foren, in denen gebrauchte Gegenstände verkauft, versteigert oder verschenkt werden.

Irgendwann wurde mir klar, dass ich mich in diesem Bereich engagieren wollte. Und kaum hatte ich diesen Entschluss gefasst, wusste ich auch schon, wie: Ich wollte ein Tauschmobil ins Leben rufen, mit dem ich jeden Samstag auf einem kleinen Wochenmarkt in meinem Kiez in Berlin stehen würde, um eine Plattform zum Tauschen von Alltagsgegenständen anzubieten. Das Tauschmobil sollte so unkompliziert wie möglich für jeden nutzbar sein. Es sollte dort stehen, wo die Menschen ohnehin und ohne große Umwege vorbeikommen, deshalb wählte ich den Wochenmarkt als Standort. Jeder sollte Gegenstände des Alltags dort abgeben können und jeder sollte Dinge mitnehmen können – unabhängig davon, ob er etwas mitgebracht hatte. Eine bargeldlose Plattform zum Tauschen all der schönen Dinge, die »noch zu gut sind zum Wegwerfen«, die man selbst aber nicht mehr benötigt. Beim Tauschmobil sollten diese Dinge neue Liebhaber finden können. Was zu Hause ungenutzt in Schränken wertvollen Platz wegnimmt, sollte hier wieder zu neuem Wert finden, indem die Dinge neue Besitzer finden und so wieder genutzt werden.

Ein paar Wochen lang trug ich die Idee mit mir herum, dann legte ich los. Ich erarbeitete ein kurzes Konzept für das Tauschmobil und setzte mich mit dem Leiter des Wochenmarktes in Verbindung. Ich hatte ein klares Bild davon, wo das Tauschmobil stehen sollte. Der Marktleiter war von der Idee angetan und sagte mir einen kostenlosen Standplatz zu. Gleichzeitig machte ich mich auf die Suche nach einem passenden Fahrzeug und fand schließlich einen Kleintransporter mit Regalen. Ein Freund half mir beim Einbau einer Kleiderstange und passte die Regale für meine Zwecke an. Mit unterhaltsamen und fröhlichen Tauschpartys in meinem privaten Umfeld begann ich mein Vorhaben. Alles, was dort keine Abnehmer fand, ging in die Erstausstattung des Tauschmobils ein. Fünf Monate nach der ersten Idee zum Tauschmobil star-

Abb. 1: Gabi Rimmele und ihr Tauschmobil

tete es an einem frühen Samstagmorgen im Oktober 2012. Schon nach kurzer Zeit wurde das Tauschmobil zu einem festen Bestandteil des Marktes und zu einem lebendigen Ort des Tauschens und der Begegnung.

Parallel zum Aufbau des Tauschmobils verfolgte ich ein weiteres Projekt: Ich hatte die Idee, meine bisherigen Kenntnisse und Erfahrungen in der Beratungsarbeit mit meiner persönlichen Erfahrung des Entrümpelns und Loslassens zu verbinden. Wie viel Freiheit und Kraft hatte ich doch selbst durch mein inneres und äußeres Entrümpeln gewonnen. Überzeugt, dass sich auch andere Menschen gern von altem Ballast befreien würden, wenn sie wüssten, wie sie es in Angriff nehmen könnten, erarbeitete ich ein spezielles Konzept der Entrümpelungsberatung. Mit diesem arbeite ich seit Juli 2012 als Entrümpelungsberaterin.

Der Ratgeber, den Sie nun in Händen halten, ist geprägt von vielen Gesprächen, die rund um das Tauschmobil entstehen. Viele Menschen kommen auf mich zu und erzählen mir ihre Erfahrungen mit dem Loslassen und Entrümpeln, dem Schenken und Weitergeben. All diese Gespräche sind in das Buch mit eingeflossen.

Darüber hinaus spiegelt dieses Buch mein methodisches Vorgehen in der Entrümpelungsberatung wider und reflektiert viele Erfahrungen aus meiner Beratungsarbeit. Dabei verbinde ich immer wieder den äußeren Prozess des Entrümpelns mit dem inneren Prozess des Loslassens. Der Einzelne gewinnt dadurch ein tieferes Verständnis für die eigenen Beweggründe, an bestimmten Dingen zu hängen, und entdeckt neue Wege, sein Leben zu gestalten und zu mehr Leichtigkeit und Klarheit zu finden.

Das Leben rund um das Tauschmobil

Seit Oktober 2012 steht das Tauschmobil also jeden Samstagmorgen auf dem Wochenmarkt im Berliner Stadtteil Prenzlauer Berg und ist von 9.30–16 Uhr geöffnet. Jeder kann den Wagen betreten und sich etwas mitnehmen oder Sachen zum Verschenken abgeben. Vor dem Tauschmobil gibt es außerdem einen großen Tisch mit mehreren Bücherkisten sowie Kisten mit Kinderkleidung. Daneben stehen zwei Kleiderständer für Damen- und Herrenkleidung.

Beim Tauschmobil kann alles getauscht werden, was man in Händen tragen kann: Bücher, CDs, Kleidung, Schuhe, Schmuck, Werkzeug, kleine Elektrogeräte, Geschirr und allerlei Nippes und Kleinkram. Größere Geräte oder Möbel können aus Platzgründen nicht direkt am Tauschmobil getauscht werden. Dafür gibt es jedoch die Möglichkeit, einen Zettel im Tauschmobil aufzuhängen: »Suche einen Küchentisch« oder »Verschenke Kinderfahrrad«. Die meisten Sachen, die am Tauschmobil abgegeben werden, haben schon ein oder mehrere Leben hinter sich. Andere Dinge sind noch nagelneu und original verpackt. Jeden Samstag lässt sich hier beobachten, wie vielfältig und unterschiedlich die Geschmäcker und Vorlieben von Menschen sind. Ein Gegenstand, der bei dem einen Besucher ein Stirnrunzeln auslöst, entlockt dem anderen Rufe des Entzückens. Das ungeliebte Geschenk des einen wird zur Freude des anderen.

Das Geben und Nehmen muss sich im Tauschmobil nicht in jedem Augenblick aufwiegen. Manche Menschen wollen einfach nur Dinge loswerden und sind froh, dass sie nun zu Hause mehr Platz haben. Andere finden im Tauschmobil etwas, das ihnen gefällt, haben aber gerade nichts zum Weggeben mit dabei. Auch sie bekommen die Sachen geschenkt. Andere nutzen das Tauschmobil wirklich zum Tauschen, bringen etwas mit und nehmen sich etwas anderes dafür. So kann jeder sich in dem Maße beteiligen, wie er es möchte. Während die einen nur kurz vorbeikommen, um ihre Sachen abzugeben, verweilen die anderen am und im Tauschmobil und stöbern in aller Ruhe. Manche interessieren sich nur für die Bücherkisten und nutzen sie als Bibliothek. Andere durchforsten regelmäßig das gesamte Angebot des Tauschmobils auf der Suche nach neuen Schätzen. Mittlerweile hat das Tauschmobil eine feste Stammkundschaft, die jede Woche zum Tauschen kommt. Für sie gehört das Tauschmobil zur samstäglichen Routine. Andere kommen in unregelmäßigen Abständen. Und jede Woche gibt es Menschen, die das Tauschmobil durch Zufall entdecken oder Touristen, die durch den Trubel angelockt werden und nachfragen, was es damit auf sich hat.

Das Tauschmobil entwickelte sich schon bald nach seinem Start zu einem festen Bestandteil des Marktes. Jeden Samstag kommen rund 150–200 Menschen, um das Tauschangebot zu nutzen« oder um andere Menschen zu treffen. Denn das Tauschmobil ist auch ein Treffpunkt im Kiez geworden. Regelmäßig verabreden sich Freunde oder Bekannte am Tauschmobil, um nach kurzem Stöbern gemeinsam weiterzubummeln. Oftmals entstehen Gespräche

Abb. 2: Im Gespräch am Tauschmobil

auch ganz unvermittelt zwischen Fremden. Die einen lachen gemeinsam über eine kuriose Blumenvase, die anderen empfehlen sich gegenseitig Bücher. Mütter und Väter helfen sich an den Kinderkleidungskisten bei der Suche nach der passenden Größe, während ihre Kinder mit Spielzeug aus den Tauschmobilkisten spielen. Viele neue Kontakte sind so zwischen den Tauschenden entstanden, man kennt sich vom Sehen, von kurzen Gesprächen, lächelt sich zu und winkt beim Abschied. Und manche erzählen mir ihre Geschichten, die sie mit den mitgebrachten Dingen verbinden, oder sie berichten, wie schwer es ihnen fiel, etwas Bestimmtes loszulassen und zu entrümpeln. Diese Momente erlebe ich als sehr kostbar.

Einige Besucherinnen und Besucher engagieren sich mittlerweile selbst als Helfer und packen mit an. Manche helfen regelmäßig mit und manche, indem sie einfach spontan Ordnung schaffen, wo gerade Bedarf ist.

Das Tauschmobil hat sich also über die Ursprungsidee hinausentwickelt. Ich hatte ein Projekt begonnen, das ich für ökologisch sinnvoll hielt. Durch das Tauschmobil wird Müll vermieden, Ressourcen werden länger genutzt und nebenbei wird der eigene Geldbeutel geschont. Ich hatte zudem eine Plattform geschaffen, die es Menschen leichter machen sollte, sich von Altem zu lösen und Platz für ihre gegenwärtigen Wünsche zu gewinnen. Entstanden ist aber noch viel mehr: Es hat sich eine Art Tauschmobil-Gemeinschaft entwickelt. Für viele Menschen bietet das Tauschmobil eine Möglichkeit, selbst etwas Sinnvolles zu tun und sich aktiv zu engagieren. Ich erlebe hier viel Hilfsbereitschaft und Solidarität, so dass jeder Samstag eine Freude für mich ist. Freude ist sowieso die »heimliche Währung« beim Tauschmobil: Die Freude beim Verschenken, die Freude bei einer Entdeckung, ein Lächeln hier, ein Gruß dort, ein Gespräch unter Tauschenden, ein Scherz, ein Lachen ...

Zweimal im Jahr macht das Tauschmobil eine Urlaubspause. Wenn ich nach der Pause mit dem Tauschmobil wieder auf dem Markt stehe, geschieht es, dass Menschen kommen und sagen:»Ich habe das Tauschmobil sehr vermisst. Aber jetzt ist die Welt wieder in Ordnung.«

Loslassen als Lebenskunst

Meine persönlichen Erfahrungen wie auch die Erlebnisse mit den Menschen am Tauschmobil und in meinen Beratungen haben mir gezeigt, wie das äußere Entrümpeln und das innere Loslassen als ganzheitlicher Prozess zusammenhängen. Mehr und mehr verstehe ich das Loslassen als eine Lebenskunst. Menschen, die beginnen, die Kunst des Loslassens zu üben, finden meist zu einer größeren Gelassenheit im Umgang mit den Anforderungen, die an sie herangetragen werden. Es fällt ihnen leichter, sich an veränderte Umstände anzupassen und das eigene Leben aktiv zu gestalten. Viele Menschen, die das innere und äußere Entrümpeln in Angriff genommen haben und umsetzen, berichten mir, dass sie ihr Leben als weniger chaotisch empfinden und mehr Struktur in ihrem Alltag bekommen. Dadurch haben sie mehr Energie für das Neue, und ihr Leben gewinnt an Leichtigkeit und Freude.

Das Loslassen, verstanden als Lebenskunst und ganzheitliche Herangehensweise, ist ein aktiver Prozess. Er erfordert, dass sich der Mensch mit seinen Lebensumständen, seinen Prägungen und Gefühlen auseinandersetzt. Das bedeutet, Achtsamkeit mit sich selbst, für die eigenen Bedürfnisse und Gefühle zu entwickeln. Es bedeutet auch, den persönlichen Lebensstil im Rahmen der eigenen Möglichkeiten entsprechend zu gestalten.

Dieser Ratgeber gibt dafür vielfältige Anregungen. Ich habe einige Themenbereiche und Perspektiven ausgewählt und beschrieben, die mir im Zusammenhang mit dem Entrümpeln regelmäßig begegnen. Diese bilden einen bunten »Blumenstrauß«, aus dem Sie als Leserinnen und Leser auswählen können: Welche »Blumen«, also welche Perspektiven erscheinen Ihnen selbst hilfreich?

Die meisten Kapitel beginnen mit einer kurzen beispielhaften Geschichte – vom Tauschmobil und aus meiner Entrümpelungsberatung. Viele Kapitel enthalten außerdem kleine Übungen, die Sie parallel zum Lesen des Buches ausprobieren können. Auf diese Weise wird es Ihnen möglich, Ihre eigene Kunstfertigkeit des Loslassens schrittweise zu erweitern und zu trainieren. Das Ziel des Ratgebers ist es, dass Sie das Loslassen und Entrümpeln immer mehr in Ihr Leben integrieren, bis es zur neuen Gewohnheit und Normalität wird. Sie selbst entscheiden, wie umfassend und weitreichend Sie die Lebenskunst des Loslassens pflegen und ausleben möchten.

Übung: Entrümpelungstagebuch

Legen Sie sich ein kleines Heft oder ein gebundenes Notizbuch als Tagebuch zu, das Sie in der Zeit des Entrümpelns begleitet. Sie können darin alles notieren, was Sie persönlich beim Entrümpeln beschäftigt, Themen, die Sie besonders ansprechen oder neue Ideen und Erkenntnisse, die Ihnen hilfreich erscheinen. Einige der Übungen, die ich Ihnen vorstelle, sind mit Notizen verbunden, auch diese können Sie in Ihr Tagebuch schreiben und sie so zum späteren Nachschlagen aufbewahren. Nicht zuletzt ist das Entrümpelungstagebuch auch der Ort, an dem Sie Ihre Erfolge festhalten können. Notieren Sie, was Sie Schritt für Schritt geschafft haben. In der Beratung erlebe ich oftmals, dass die Ratsuchenden nach ein paar Wochen plötzlich das Gefühl haben, überhaupt nicht vorangekommen zu sein, und frustriert sind. Wenn sie sich dann die Zeit nehmen, auf das, was sie alles geschafft haben und was sich verändert hat, zurückzuschauen, ist das meist sehr viel.

Halten Sie Ihre Erfolge im Tagebuch fest, so dass Sie Ihre eigene Entwicklung auch später wahrnehmen können.

1. Ursachen für das Sammeln

Wenn Menschen davon berichten, dass sie zum Ansammeln neigen und große Schwierigkeiten damit haben, ihre Wohnung regelmäßig auszumisten oder alte, ungenutzte Dinge wegzuwerfen, ist jede Geschichte individuell und hat mit den ganz persönlichen Erfahrungen der jeweiligen Person zu tun. Dennoch gibt es einige Motive und Hintergründe, die in diesen Geschichten sehr häufig in der einen oder anderen Weise anklingen. In diesem Kapitel gehe ich verschiedenen Grundmotiven und Ursachen für das Ansammeln nach. Es sind unterschiedliche Perspektiven auf das Phänomen des Ansammelns und Hortens, die zum Verständnis des eigenen Sammelverhaltens beitragen können.

»Egal, was ich tue, das Gerümpel wächst immer wieder nach!« – Aktives Sammeln und passives Ansammeln

»Haben Sie einen Tipp, was ich tun kann, damit sich die Sachen zu Hause nicht so schnell vermehren?«, fragte eine ältere Frau. »Ich bemühe mich, das Chaos in den Griff zu bekommen. Aber ich habe das Gefühl, wenn ich eine Sache ausräume, sind dafür schon wieder zwei neue da. Egal, was ich tue, das Gerümpel wächst immer wieder nach.

Na ja, wenn ich ehrlich bin, weiß ich schon, dass ich mich schnell verführen lasse. Wenn etwas schön aussieht und dann auch noch billig ist, greife ich oft spontan zu. Ich habe da auch schon tolle Sachen gefunden! Aber vieles brauche ich am Ende nicht wirklich.

Vor kurzem habe ich mir eine wunderhübsche Eieruhr gekauft, die hatte so eine tolle Farbe, ein hell leuchtendes Grün in Form eines großen Eis. Ich konnte ihr einfach nicht widerstehen und war ganz glücklich über die neue Eieruhr – bis ich sie dann das erste Mal ausprobiert habe: Sie lässt sich gar nicht exakt einstellen! Das geht einfach nicht! Man muss den oberen Teil der Uhr drehen bis zu der gewünschten Minutenzahl. Aber sie ist immer ungenau, mal läuft sie eine halbe Minute länger, mal kürzer. Jetzt bin ich wieder auf meine Armbanduhr umgestiegen, und die grüne Eieruhr steht schön, aber unnütz auf meinem Küchenregal herum. Ich konnte sie bisher aber auch noch nicht weggeben, weil sie mir so gut gefällt.«

Wie kommt es dazu, dass uns eines Tages »alles über den Kopf wächst«? Die Feststellung »Es ist mir alles zu viel!« überfällt uns nicht plötzlich und überraschend, sondern ist in aller Regel Ergebnis eines schleichenden Prozesses, der sich über viele Jahre entwickelt hat. Manche praktizieren das Sammeln oder auch Ansammeln schon von Kindesbeinen an, kennen sich selbst und ihre Wohnung gar nicht anders als überladen. Andere können den Beginn des schleichenden Ansammelns datieren, bringen es mit einem äußeren Ereignis in Verbindung. Wieder andere kennen Phasen mit mehr und welche mit weniger Ballast. Allen gemeinsam ist das Gefühl von »Zuviel«.

Diese Prozesse des Anhäufens von Gegenständen können unterschiedlich verlaufen und sehr unterschiedliche Motive oder Hintergründe haben. Dabei fällt zuerst der Unterschied von Sammeln und Ansammeln auf, dem ich mich in diesem Kapitel widme. In seinen Extremen könnte das folgendermaßen beschrieben werden: Während das Sammeln von Gegenständen ein aktives Handeln ist, das auf bewussten Entscheidungen beruht, was gesammelt werden soll und was nicht, ist das Ansammeln von Gegenständen ein eher passiver Prozess. Gegenstände sammeln sich an – scheinbar ohne dass jemand etwas dazu tut. Der Begriff legt die Abwesenheit einer bewussten Entschei-dung nahe, es passiert ir-gendwie. Zwischen diesen klaren Extremen gibt es un-zählige Formen des Sam-melns und Ansammelns, deren aktiver und passiver Anteil sich vermischen und überlagern. Etwas, das als »Ich schaffe es schon immer wieder einmal, mir in der Wohnung Platz frei zu räumen. Ich packe die Sachen dann in Kisten und stelle sie in den Keller. Dann sammelt sich aber ganz schnell wieder Neues an. Sachen, die ich mir gekauft habe, oder ich weiß auch nicht …«

aktives Sammeln begonnen hat, kann beispielsweise eine Eigendynamik entwickeln, so dass das Sammeln irgendwann gar nicht mehr hinterfragt wird. Dazu später mehr.

Die Sammelleidenschaft

Schauen wir uns zunächst das bewusste Sammeln von Gegenständen an. Von Briefmarken, Münzen, Modelleisenbahnen und Lokschildern über Kunst, Bücher und Zeitschriften, Streichholzschachteln, Zuckertütchen oder Bierdeckel aus aller Welt bis hin zu Fotos von besonderen Autokennzeichen, deren Buchstaben Worte ergeben, abgerissenen Eintrittskarten und Restaurantbelegen, Fotos von Gipfelkreuzen oder Tierfiguren in allen erdenklichen Ausführungen – es gibt nichts, was nicht gesammelt werden könnte. Vielen Sammlern gemein ist die Leidenschaft für ihre Sammelobjekte und das Sammeln. Sie freuen sich, sind enthusiastisch und begeistert von ihren neuen Objekten. Man möchte die Neuheit am liebsten sofort zeigen, die eigene Freude teilen, sich darüber austauschen und vielleicht auch in der Resonanz mit anderen den Erfolg spüren. Ihnen gemein ist auch der Wunsch nach einer möglichst großen Menge und Vielfalt ihres Sammelguts sowie das Bemühen um Exklusivität, die die Sammlung wertvoll macht – wertvoll im ganz praktischen Sinne des Wortes, wenn es beispielsweise um Briefmarken oder Münzen geht, wertvoll aber auch im ideellen Sinne. Selbst ein Bierdeckel aus einer Kneipe in Rio de Janeiro kann im Gespräch mit Freunden Aufmerksamkeit auf sich ziehen und Anerkennung für den Sammler einbringen.

Trotzdem unterscheiden sich die Sammler teilweise sehr deutlich darin, was und wie sie sammeln: Es gibt die Raritätensammler und die Andenkensammler. Manche Menschen sammeln Bücher aller Art, manche sammeln Bücher nur einer bestimmten Fachrichtung. Es gibt Menschen, die Musikstücke sammeln, weil sie leidenschaftliche Musikliebhaber sind, andere Menschen sammeln Klorollen, Papierreste und Wolle, weil sie gerne basteln. Wieder andere bewegen sich gerne in sozialen Netzwerken im Internet und sammeln Freunde auf Facebook. Beispielhaft seien hier zwei Gruppen von Sammlern etwas ausführlicher beschrieben:

Für die eine Gruppe von Sammlern ist das Sammeln ein Freizeit füllendes Hobby. Manche entwickeln sich regelrecht zu Expertinnen und Experten ihres Fachs, sammeln unendlich viele Informationen und kennen sich in den kleinsten Details ihres Metiers aus. Ich nenne sie deshalb die »professionellen Sammler«. Der Austausch mit anderen, das Fachsimpeln und die Suche nach neuen Objekten sind eine Leidenschaft und schaffen Zugehörigkeit. Die Gruppe der Sammler ist eine selbst gewählte Heimat, in der sie Freundschaften pflegen, ihre Kompetenz erweitern, ihre Freude über einen besonderen Fund teilen und Anerkennung, aber auch Konkurrenz und Neid erfahren. Dies geschieht in regelmäßigen, geplanten Gruppentreffen, aber auch in losen Zusammenhängen oder virtuell im Internet.

Eine andere Gruppe von Sammlern sammelt Mitbringsel von Urlaubsfahrten. Meist suchen sich diese Sammler eine Art von Gegenstand aus, den sie in allen auffindbaren Formen aus ihren Reiseländern mitbringen und sammeln. Das können Zuckertütchen, Zigarettenpackungen, Bierdeckel oder auch Eintrittskarten und Restaurantbelege sein, die wie eine Art Trophäe gesammelt werden. Bei vielen beginnt diese Sammelleidenschaft in der Jugendzeit, und bei einigen ebbt die Sammelfreude erfahrungsgemäß im Erwachsenenalter wieder ab, irgendwann werden die Zuckertütchen weggeworfen und das Sammeln eingestellt.

Für manche ist dieses »Reisesammeln« ein Versuch, schöne Erinnerungen zu sammeln und die Abenteuer, die an diesen Orten erlebt wurden, zu bewahren. Je intensiver und prägender der Urlaub war, desto mehr will er festgehalten werden. Die Sammelobjekte werden oft als Teil der eigenen Identität und der eigenen Geschichte erlebt. Je »normaler« und selbstverständlicher der alljährliche Urlaub wird, desto alltäglicher werden die einzelnen Urlaubsfahrten und -erlebnisse. Damit verliert auch das Sammeln seine Exotik, wird weniger interessant und wird irgendwann einfach eingestellt.

In diesen Formen ist das Sammeln von Gegenständen ein sehr aktiver Prozess und beruht auf klaren Entscheidungen. Es wird genau differenziert, was gesammelt wird und was nicht. Insbesondere bei den »professionellen Sammlern« gibt es eine klare Struktur und

Ordnung. Es werden Objekte nach Baureihen oder nach regionaler Herkunft gesammelt, nach Betriebsart oder nach vorgegebenen Sammlersätzen. Es geht darum, möglichst viel, unterschiedlich bzw. vollständig zu sammeln. Oftmals wird für Sammlerstücke sehr viel Geld ausgegeben, im Extremfall kann das Sammeln zur Sucht werden. Im Allgemeinen wird es jedoch als eine sehr spannende, spielerische und erfüllende Aktivität erlebt und ist mit viel Leidenschaft verbunden.

Das Sammeln und Ansammeln in seinen vielfältigen Formen

Viele alltägliche Formen des Sammelns haben sowohl aktive als auch passive Anteile, die wir uns meist jedoch nicht bewusst machen und die sich im Laufe der Zeit verändern können. Dazu ein paar Beispiele:

Jemand, der Delfinfiguren in allen Formen, Farben und Ausführungen sammelt, weil er Delfine über alles liebt, mag irgendwann gesättigt ob der vielen Figuren sein und sammelt nur noch aus Gewohnheit weiter. Oder er entscheidet sich, diese Figuren nicht mehr weiterzusammeln, teilt dies seinen Freunden und Verwandten aber nicht ausdrücklich mit. Dann wird er weiterhin Delfinfiguren geschenkt bekommen, weil ja alle zu wissen glauben, dass er sie liebt und sammelt.

Menschen, die in ihrer Freizeit gerne handwerkliche Arbeiten machen, Dinge reparieren oder bauen oder die künstlerisch tätig sind und beispielsweise mit Skulpturen experimentieren, sammeln vermutlich Arbeitsmaterial aller Art, alles, was ihnen für ihre Tätigkeit als nützlich erscheint. Dieser aktive Prozess kann ausufern, wenn die Masse des gesammelten Materials eine realistische Verwendung deutlich übersteigt, wenn der Sammler die Übersicht über seine gesammelten Materialien verliert oder wenn irgendwann unterschiedslos alles gesammelt wird, weil man es ja später noch brauchen könnte.

Ein weiteres Beispiel: Viele Menschen abonnieren Zeitschriften, und manche Menschen bewahren diese auch auf. Dies ist einerseits ein aktiver Prozess, denn es wird beispielsweise nur die Lieblingszeitschrift gesammelt und sie wird ganz bewusst an einem Ort gestapelt. Das Zeitschriftensammeln kann aber auch einen passiven

Anteil enthalten, wenn die Zeitschriften über Jahre gestapelt werden, ohne dass mit ihnen etwas passiert und ohne dass die eigene Entscheidung des Sammelns überprüft und erneuert wird.

Diese Beispiele veranschaulichen, welche Eigendynamik das Sammeln entwickeln kann. Die Übergänge zwischen dem aktiven Sammeln und dem passiven Element des Ansammelns sind weich und fließend und werden meist nicht bewusst wahrgenommen. Viel wahrscheinlicher ist es, dass uns die Ansammlung, die sich gebildet hat, erst im Nachhinein bewusst wird: Wenn mir beim Frühjahrsputz plötzlich der große Stapel von Zeitschriften ins Auge fällt und klar wird, dass ich diese nun schon seit fünf Jahren sammle, ohne jemals wieder hineingeschaut zu haben. Oder wenn ich mir ein Regal bauen möchte und genau weiß, dass ich irgendwo noch so kleine Hölzer habe, die da genau passen würden, diese aber partout nicht finden kann – und wie ich dann meinen suchenden Blick im Raum herumschweifen lasse, nehme ich plötzlich die ungeheure Menge an Materialien und das Durcheinander wahr.

Zu entrümpeln ist ein Prozess, der genau diesen Übergang zwischen aktivem Sammeln und passivem Ansammeln ins Bewusstsein bringt. Wer zu entrümpeln beginnt, hält inne und entscheidet sich neu: Will ich das weiter so haben und sammeln oder nicht? Er nimmt sich Zeit, den Wandel in seinem Leben, die Veränderung seiner Vorlieben, Hobbys, Interessen und Wünsche wahrzunehmen, sie zu analysieren und neu zu entscheiden, was ihm jetzt wichtig ist. Jemand, der über viele Jahre Delfine gesammelt hat, merkt vielleicht jetzt, dass er die Freude daran schon vor einiger Zeit verloren hat, und beschließt, sie nicht weiterzusammeln. Vielleicht gibt er die Sammlung weg, vielleicht bewahrt er sie an einem schönen Ort weiter auf oder er wirft sie entschlossen in den Müll. Ein anderer Delfinsammler spürt beim Entrümpeln, dass er die Figuren nach wie vor liebt, und möchte sie weitersammeln. Durch das Innehalten entwickelt er neuen Elan, um seine Sammlung fortzusetzen. Er überlegt, wo er noch nach neuen, ausgefallenen Exemplaren suchen könnte, und das Sammeln macht ihm wieder viel mehr Freude als vorher.

Das Entrümpeln bringt dem Einzelnen eine neue Klarheit, frische Energie und neue Lebensfreude.

Wenn das Ansammeln von Dingen einem »über den Kopf zu wachsen« droht

Die meisten Menschen werden in ihrer Wohnung eine oder mehrere solcher (meist langjähriger) Sammelstellen finden. Dazu gesellen sich die kleinen Ansammlungen, die der Alltag so mit sich bringt. Der Stapel von Tageszeitungen, der täglich wächst, die Veranstaltungsflyer, die im Vorbeigehen mitgenommen und auf der Kommode abgelegt werden oder das Spielzeug der Kinder, das sich über Nacht zu verdoppeln scheint. Dazu gehören auch ungeplante Spontankäufe, die im Moment hübsch oder nützlich erscheinen, für die dann aber zu Hause doch keine Verwendung gefunden wird oder die bereits mehrfach vorhanden sind. Vielleicht mischen sich noch Werbegeschenke, ungenutzte Schlüsselbänder oder Kugelschreiber darunter. Diese alltäglichen, laufenden Ansammlungen sind oftmals Dinge, die keinen festen Platz in der Wohnung haben, die von einer Ecke in die andere geräumt werden oder sich da ansammeln, wo sich gerade Platz findet. »Das räume ich später weg.« Aber das Später tritt nicht ein, weil die Idee fehlt, was mit dem Gegenstand passieren soll.

»Manchmal entdecke ich plötzlich einen Papierturm in meinem Wohnzimmer, und denke: ›Der war doch gestern noch nicht da!‹ Wenn ich ihn dann genauer anschaue, finde ich in dem Stapel das Fernsehprogramm vom vorletzten Monat.«

All dies sind normale Phänomene und gehören zum Leben. Es gibt Momente, da wir verzweifeln, weil uns alles »zu viel« wird, dann gibt es Zeiten, in denen uns das Ordnen, Auswählen und Loslassen leichter fällt und wir das Gefühl haben, alles »unter Kontrolle« zu haben. Den meisten gelingt es im Alltag immer wieder, mit ihrem »Zuviel« aufzuräumen.

Wirklich schwierig wird das »Zuviel« dann, wenn es ein bestimmtes Maß überschreitet, sich in großen Mengen dauerhaft etabliert und dabei immer noch anwächst. Wenn es dem Einzelnen buchstäblich »über den Kopf wächst« und er unter seinem »Vielzuviel« leidet. Wenn das »Zuviel« das tägliche Leben bestimmt und den Einzelnen einengt und in seinem Wohlbefinden beeinträchtigt.

Hat das passive Ansammeln ein sehr starkes Übergewicht bekommen, kann dies Gefühle von Hilflosigkeit und Ratlosigkeit verursachen. Alle Versuche, die Ansammlungen in den Griff zu bekommen und ein gewisses Maß an Ordnung und Struktur herzustellen, scheitern, und der Einzelne hat keine Vorstellung davon, wie er das angehen und jemals schaffen soll. Er ist kaum in der Lage, wichtig von unwichtig zu unterscheiden und dementsprechend eine Auswahl zu treffen. Alles erscheint gleichermaßen wichtig, nützlich und unentbehrlich. Gleichzeitig ist die Masse an Dingen eine Belastung und wird als schweres Gewicht oder sogar als persönliches Versagen empfunden.

Um aus dieser inneren Blockade auszubrechen und wieder in Bewegung zu kommen, kann es erforderlich sein, sich Hilfe zu holen: in der Familie, im Freundeskreis oder durch professionelle Beratung. Meines Erachtens ist eine Hilfe dann langfristig wirksam, wenn sie dem Einzelnen nicht die Arbeit des praktischen Entrümpelns und Aufräumens abnimmt, sondern wenn sie ihm hilft, selbst aktiv zu werden und selbst zu lernen, Entscheidungen für sich und sein Umfeld zu treffen.

Übung: Täglich drei Dinge wegwerfen[2]

Das regelmäßige Aussortieren, Loslassen, Wegwerfen kann gelernt werden. Es geht darum, einerseits alte Gewohnheiten aufzugeben, nämlich die des Ansammelns und Hortens, und gleichzeitig neue Gewohnheiten zu entwickeln, nämlich die des Aussortierens und Weggebens. Je häufiger Sie aussortieren, desto selbstverständlicher und leichter wird es werden.

Eine erste Übung dazu ist, sich anzugewöhnen, jeden Tag drei Dinge bewusst wegzuwerfen. Nehmen Sie sich dazu einen festen Zeitpunkt Ihres Tagesablaufs vor, so dass es wie das Zähneputzen zur täglichen Routine wird. Wann ist Ihre Tageszeit, zu der Sie voller Energie und entscheidungsfreudig sind?

Beginnen Sie mit Dingen, die Sie noch einigermaßen leichten Herzens wegwerfen. Das könnten Dinge sein, an denen Sie emotional nur wenig hängen, drei Werbezettel beispielsweise oder drei veraltete Zeitschriften. Erst später steigern Sie den Schwierigkeitsgrad.

Beobachten Sie Ihre Gefühle dabei. Spüren Sie ein Gefühl der Erleichterung oder gar der Freude, wenn Sie es geschafft haben, sich von etwas zu trennen?

»Das kann ich vielleicht irgendwann noch gebrauchen.« – Mangelerfahrungen als Ursache des Ansammelns

»Ein älterer Mann, der immer, wenn er beim Tauschmobil etwas mitnahm, auch einen Gegenstand von sich zum Verschenken abgab, erzählte eines Tages: »Meine Wohnung ist komplett vollgestellt. Ich habe ein Leben lang Sachen gesammelt, das steckt tief in mir drin. Als ich klein war, waren wir sehr arm. Da hat man einfach gar nichts weggeworfen. Wir waren Flüchtlinge aus dem Sudetenland. Meine Eltern sind mit mir und meinen Geschwistern mit nur einem Koffer und einem Rucksack geflohen. Als wir in Deutschland ankamen, hatten wir einfach nichts, wir hatten ja alles zu Hause zurückgelassen. Und wenn man nichts hat, dann ist alles wertvoll. Für alles gab es noch eine Verwendung. Nur eine einzige wertvolle Silberbrosche, ein Erbstück ihrer Mutter, konnte meine Mutter retten. Sie hatte sie auf der Flucht so im Rucksack versteckt, dass niemand sie gefunden hat. Diese Brosche hat nun meine jüngste Schwester. Aber sie trägt sie nie, weil sie Angst hat, sie könnte sie verlieren.«

Einige der Menschen, die Schwierigkeiten mit dem Loslassen und Entrümpeln haben, haben in ihrem Leben existenzielle Armuts- und Mangelerfahrungen erlebt. Manche haben noch den Krieg und die Nachkriegszeit erlebt, in der das kleinste Stück Besitz wertvoll war. Andere haben eine Geschichte der Vertreibung oder Migration hinter sich, mussten allen Besitz zurücklassen und sich eine neue

»Ich habe drei Locher. Ich weiß, dass ich immer nur einen verwenden kann. Aber ich hatte Angst, der könnte kaputtgehen und ich würde dann ohne einen dastehen, also kaufte ich mir noch einen. Und irgendwie sind es dann drei geworden. Nun ist mein Lieblingslocher kaputt, aber ich konnte ihn noch nicht wegschmeißen.«

Existenz aus bitterster Armut heraus aufbauen. Wieder andere sind aufgrund von Schicksalsschlägen oder persönlichen Problemen in die Armut geraten, und manche ganz einfach deshalb, weil sie keine bezahlte Arbeit finden oder einen Beruf gewählt haben, der schlecht bezahlt wird. Die Hintergründe sind unterschiedlich, gemeinsam ist die Erfahrung existenzieller Not.

Gemeinsam ist Menschen mit solchen Erfahrungen oft auch der Lösungsweg, den sie gewählt haben, um nie mehr existenzielle Not erleben zu müssen: das übermäßige Sammeln und Horten. Infolge der Armutserfahrung wurde ein Überfluss angehäuft, der weit über das Ziel der Existenzsicherung hinausreicht und der weitaus mehr umfasst, als jemals im Leben verbraucht oder genutzt werden kann. Es ist, als ob ein unsichtbares Pendel sich mit aller Kraft in die Gegenrichtung bewegen würde, weg von der Armut und Mangelerfahrung.

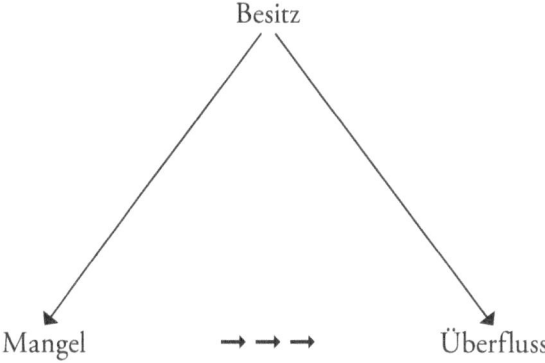

Abb. 3: Das Pendel des Besitzes

Der Überfluss, das »Zuviel«, fungiert wie eine Art Airbag gegen existenzielle Notlagen der Zukunft. Problematisch ist dies insofern, als meist unterschiedslos alles aufbewahrt wird. »Ich könnte es ja noch mal brauchen.« »Mein Enkel wird sich sicherlich mal darüber freuen.« »Wenn ich mal Zeit finde, fange ich bestimmt mit Nähen an und dann bin ich froh, wenn ich diese Stoffreste noch habe.« Am Ende wird alles aufbewahrt, auch wenn es sich nur um ein kleines Stück Stoff oder kaputte Kugelschreiber handelt. Durch dieses Horten sammeln sich unglaubliche Mengen an, und der Betroffene ist nicht mehr in der Lage zu unterscheiden, was wirklich wichtig, nützlich oder wertvoll ist und was nicht. Dies führt dazu, dass der Wohnraum immer enger wird und weniger Lebensraum für den Menschen selbst – und ggf. für seine Partnerin, seinen Partner oder seine Familie – übrig bleibt. Und anstelle der Existenzsicherung, die ja das Ziel des Sammelns gewesen war, stellt sich womöglich genau die gegenteilige Wirkung ein: Es verhindert eine angemessene Existenzsicherung. Die Masse der angesammelten Güter bindet Energie, engt ein und bremst aus. »Ich würde ja gern, aber …« Sie verhindert, dass Begabungen ausgelebt werden, und lässt keinen oder nur wenig Raum für Kreativität. Das kann sich auch hemmend auf das berufliche Vorankommen auswirken. Im schlimmsten Fall kostet das Sammeln und Horten viel Geld, wenn wertvoller Wohnraum belegt ist oder zusätzliche Lagerflächen angemietet werden, um all die vielen Dinge zu verstauen. Dadurch wird der Lebenskampf noch schwieriger, weil für die Unterbringung des Besitzes immer mehr Kraft und Geld aufgewendet werden muss. Der vermeintliche Airbag ist zum Risikofaktor geworden.

Die erlebte Armut, die Ursache des übermäßigen Sammelns ist, kann auch eine seelische Armut sein. Manche Menschen, die als Kind wenig Zuwendung, Liebe, emotionale Nähe und Geborgenheit erlebt haben, spüren dies noch als Erwachsene als Mangelgefühl. Das kann sich als Angst, zu kurz zu kommen, bemerkbar machen. Es kann sich auch in einem grundlegenden, aber unbestimmten Gefühl von Misstrauen gegenüber der Welt oder anderen Menschen äußern oder dem beständigen Gefühl, dass immer noch irgendetwas zum eigenen Glück fehlt. Einkaufen und Shoppen können dann ein Versuch sein, solche Lücken zu füllen und das Gefühl von Mangel auszugleichen. So werden Dinge gekauft und angehäuft, trotzdem bleibt das Gefühl von Mangel, weil die Ursache auf einer anderen, tieferen Ebene liegt.

Wie können nun Menschen, die aufgrund von Armutserfahrungen zu Sammlern geworden sind, aus der Spirale des vermeintlichen Sichabsicherns herauskommen? Das Sichabsichern geht mit einem starken Festhalten von äußeren und inneren Energien einher. Eine Möglichkeit, aus dieser Spirale auszusteigen, ist deshalb das innere Loslassen. Loslassen in einem ganzheitlichen Sinne bedeutet, die eigenen Energien wieder zum Fließen zu bringen und Vertrauen in das Leben neu zu lernen. Vertrauen erlaubt uns, zu entspannen und großzügiger mit uns selbst zu sein.

Auf einer praktischen Ebene ist ein Weg zum Loslassen, sich das Bild des Pendels anzuschauen und neu für sich auszuloten. Dazu wird zuerst die momentane Ausgangslage untersucht: Wie viel Zeit und Energie wende ich im Moment auf, um den Überfluss weiter aufzubauen und zu erhalten? Was mache ich alles dafür? Wie viel Zeit verbringe ich mit Suchen? Was würde ich denn stattdessen gerne tun? Was kostet es mich, den Überfluss und dessen Lagerung zu finanzieren? Inwieweit belastet das Ansammeln die Beziehung zu meinem Partner, meiner Partnerin? Was verhindern die angehäuften Sachen: Welche Räume bewohne ich nicht mehr, weil sie vollgestellt sind? Welche Menschen lade ich nicht mehr zu mir ein, weil ich mein Chaos nicht zeigen möchte?

In diesem ersten Schritt werden die persönlichen materiellen wie ideellen Kosten und Belastungen ermittelt, die mit dem Aufbau und der Sicherung des Überflusses verbunden sind. Es kann hilfreich sein, diese Kosten aufzuschreiben, damit sie greifbarer werden und in ihrer Summe eingeschätzt werden können. Hierbei kann durchaus ein Aha-Effekt auftreten. Mithilfe dieser Liste kann der Einzelne klarer abwägen, ob er für den Erhalt des Status quo weiter diese Zeit, Energie und das Geld aufbringen sowie die Belastungen auf der Beziehungsebene in Kauf nehmen will oder ob er seine Energie in die Veränderung investieren möchte. Kommt er zu der Einschätzung, dass der Preis für das Ansammeln zu hoch geworden ist und dass er etwas daran ändern möchte, kann er sich entscheiden, seine Energien künftig stärker auf das Loslassen auszurichten. Dazu wird in einem zweiten

»Es gab früher mal eine Zeit, in der ich nichts hatte und in der es mir sehr schlecht ging. Ich habe aus meiner Armut heraus gesammelt. Das Problem ist, dass ich nicht gemerkt habe, dass ich nicht mehr arm bin und mir heute die Dinge neu kaufen kann. Ich bringe mich durch das Sammeln wieder in die Armut zurück.«

Schritt nach dem ganz persönlichen Lot des Pendels und der eigenen Balance zwischen den beiden Extremen von Mangel und Überfluss gesucht. Die Frage lautet: Was ist mein persönlich gutes Maß an Besitz?

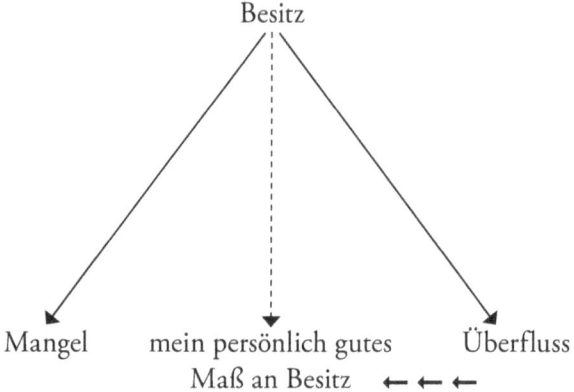

Abb. 4: Mein persönlich gutes Maß an Besitz

Diese Neuausrichtung des Pendels ist eine bewusste Handlung. Hilfreich ist dabei, neugierig auf sich selbst zu sein und sich selbst zu erforschen. Der Einzelne kann sich bewusst machen, was ihm im Leben wichtig ist und was ihm Freude macht – und dann entscheiden, was er dazu wirklich braucht. Dabei handelt es sich nicht um eine einmalige Entscheidung, die in einem besonderen Moment getroffen wird, sondern eher um eine Entdeckungsreise, in deren Verlauf er sich Stück für Stück besser kennenlernt, Neues ausprobiert, mit sich selbst experimentiert und immer wieder Entscheidungen für sich trifft. Es ist kein Umbruch, sondern eher eine sanfte Neuausrichtung in kleinen Etappen.

Bei der Frage, was genau und wie viel jemand für sein Lebensglück braucht, gibt es keine allgemeinen Kriterien, kein Richtig oder Falsch. Das Lot des Pendels sieht bei jedem Menschen anders aus. Wichtig ist, dass das Pendel den Bedürfnissen des Einzelnen entspricht und er sich wohl damit fühlt.

Ein anderer Weg aus der Spirale des Ansammelns ist eine systematische Realitätsprüfung. Dazu werden einige Teile der Ansammlung hervorgeholt und jeweils überprüft, indem Fragen dazu gestellt werden: Wie oft habe ich das Stück Stoff, das ich seit fünfzehn Jahren aufbewahre, bislang benötigt? Was könnten das für Situationen sein, in denen ich genau dieses Stück benötigen könnte? Sollte der Fall eintreten, dass ich ein derartiges Stück Stoff tatsächlich brauchen sollte: Wo könnte ich es mir neu kaufen? Wie viel Zeit würde es mich kosten, es zu besorgen? Wie viel Geld würde es mich kosten? Müsste ich auf etwas verzichten, wenn ich es mir neu kaufen müsste? Auf was genau?

In aller Regel merken die Betroffenen, wenn sie sich die gehorteten Dinge einzeln anschauen, dass der Neukauf beispielsweise eines Stückes Stoff sie nicht in Armut stürzen würde. Sie lernen mithilfe dieser Fragen klarer zu unterscheiden, was tatsächlich wertvoll und was eher wertlos ist.

Einigen Menschen hilft es, wenn sie sich von einer Freundin oder einem Freund helfen lassen, also einem Menschen ihres Vertrauens, dem sie erlauben, diese Fragen zu stellen und beim Aussortieren mit anzupacken. Diese Helfer sind wichtig, um nicht im Detail hängen zu bleiben, sich nicht an einzelnen Stücken festzubeißen. Durch ihre neutrale Rolle gegenüber den Dingen können sie helfen, entschlussfreudiger zu werden.

Die eigenen Energien wieder zum Fließen zu bringen und das Vertrauen in das Leben neu zu lernen, kann auch als Lernprozess auf emotionaler Ebene wahrgenommen und angegangen werden. Menschen, die als Kinder emotionale Kälte, Gleichgültigkeit oder Ablehnung erfahren haben, haben oft nur eingeschränkt gelernt, ihre eigenen Bedürfnisse wahrzunehmen, diese ernst zu nehmen und zu befriedigen. Manchmal werden die emotionalen Bedürfnisse abgewehrt und abgewertet (»Stell dich nicht so an!«) und die eigenen Energien auf die vermeintlich praktischen Anforderungen des Lebens ausgerichtet.

Ein Lernprozess auf emotionaler Ebene könnte dann bedeuten, einen achtsameren Umgang mit sich selbst zu lernen. Sich Zeit zu nehmen und immer wieder innezuhalten, um sich der eigenen Gefühle bewusst zu werden und das eigene innere Erleben wahrzunehmen.[3] Sich dadurch selbst zu erkennen und das eigene Handeln danach auszurichten: Wenn ich spüre, dass mir alles zu viel wird, kann ich mir erlauben, eine Pause zu machen. Wenn ich merke, dass mich eine Sache überfordert, kann ich jemanden um Hilfe bitten. Wenn ich Lust verspüre zu singen, kann ich einfach mal drauflossingen, egal, was die Nachbarn denken.

Achtsamkeit mit sich selbst bedeutet, einen wohlwollenden Umgang mit sich zu lernen und den inneren Kritikern weniger Raum einzuräumen. Es bedeutet, in unserem Innersten zu erspüren, was uns wichtig ist und guttut, und zu erkennen, was für uns zu einem erfüllten Leben gehört. Viele Menschen erkennen auf diesem Weg, dass sie von außen viel weniger dazu brauchen, als sie vorher gedacht hatten.

Übung: Kleine überschaubare Einheiten aussortieren (I)

Um das Aussortieren und Entrümpeln zu lernen, ist es hilfreich, regelmäßig und in kleinen Schritten zu üben. Versuchen Sie es mit folgender Einstiegsübung:

Wählen Sie eine kleine überschaubare Einheit aus, die Sie sich heute gezielt vornehmen. Das kann eine Ablagefläche, ein kleineres Schrankabteil oder eine Schublade sein. Wichtig ist, dass Sie Ihr Vorhaben von vornherein begrenzen, so dass Sie sich am Ende über den Erfolg freuen können. Ist die Einheit zu groß gewählt, läuft man Gefahr, sich zu demotivieren und sich im negativen Selbstbild zu bestätigen.

Deshalb gestehen Sie es sich zu, in ganz kleinen Schritten vorzugehen. Begrenzen Sie das Arbeitsfeld, das Sie aussortieren wollen, und begrenzen Sie auch die Zeit, die Sie sich dafür nehmen. Planen Sie maximal eine Stunde oder weniger dafür ein. Wenn Sie dazu neigen, sich in Details oder Erinnerungen zu verlieren, dann nehmen Sie sich Hilfsmittel zur Hand. Stellen Sie sich beispielsweise einen Wecker, der Sie an das Ende Ihrer Arbeitsphase erinnert.

Und los geht's. Stellen Sie sich zuerst einen ausreichend großen Mülleimer bereit, in den alles wandert, was kaputt ist, was Ihnen nicht (mehr) gefällt oder was Sie seit langer Zeit nicht mehr genutzt haben. Diese Dinge werden sofort entsorgt. Wer möchte, bereitet eine zweite Kiste vor für »all die schönen Dinge, die zu gut sind zum Wegwerfen«. Das sind Dinge, die Sie selbst nicht mehr nutzen, von denen Sie aber glauben, dass sie jemand anderem noch Freude bereiten könnten. Diese Dinge sollten schön, funktionsfähig und vollständig sein. Ein abgetragenes T-Shirt gehört nicht dazu, sondern in den Kleidersack oder den Mülleimer. In die »Zu-gut-zum-Wegwerfen«-Kiste gehören unbenutzte Fehlkäufe, gut gemeinte Geschenke, die Ihnen noch nie gefallen haben, oder Gegenstände, die für Sie persönlich mit schlechten Gefühlen oder Schuldgefühlen behaftet sind. Weg damit.

Entfernen Sie alle Gegenstände aus der Schublade (wahlweise Ablage, Schrankabteil o. Ä.). Wischen Sie sie sauber aus. Wählen Sie nun Stück für Stück aus, was wieder zurück in die Schublade soll. *Was nutzen Sie regelmäßig? Was nutzen Sie gerne? Welches Stück macht Ihnen Freude? Womit fühlen Sie sich wohl?* All diese Dinge sortieren Sie in die Schublade ein. Alle anderen Dinge wandern entweder in den Mülleimer oder in die Kiste zum Weggeben.

Ist die Schublade zu Ihrer Zufriedenheit aufgeräumt oder die geplante Zeit um, gönnen Sie sich eine Pause, die Sie sich angenehm gestalten. Genießen Sie den Erfolg Ihrer Sortieraktion. Vielleicht haben Sie ja Lust, ein Foto Ihres aufgeräumten Ortes zu machen. Schreiben Sie eine Notiz über Ihren Erfolg in Ihr Entrümpelungstagebuch.

»Die sind einfach noch zu gut zum Wegwerfen« – Das schlechte Gewissen als Entrümpelungsgegner

Eine Frau brachte eine große, schwere Tasche zum Tauschmobil: »Das sind alles Vorhänge. Stellen Sie sich vor, seit Jahren bewahre ich diese Vorhänge auf. Ich habe meine Wohnung in diesen Jahren mindestens zweimal renoviert und mir jedes Mal neue Vorhänge gekauft. Aber ich dachte immer, die alten kann ich noch irgendwann verwenden, die sind doch noch viel zu gut zum Wegwerfen! Vielleicht hänge ich sie nach dem nächsten Renovieren wieder auf. Und dann habe ich sie in den Schrank gepackt, zu den anderen.

33

Ehrlich gesagt, ich glaube, kein Mensch hängt sich wieder die alten Vorhänge auf, wenn er sie einmal ausgetauscht hat. Man will doch auch mal was Neues. Lange Zeit dachte ich außerdem, ich könnte die Vorhänge vielleicht noch für etwas anderes verwenden, sie irgendwie umnähen. Der Stoff der Vorhänge war ja noch gut. Aber das ist nie passiert. Und immer, wenn ich sie beim Aufräumen wieder gesehen habe, hatte ich ein schlechtes Gewissen, weil sie ja noch gut sind und ich sie so ungenutzt im Schrank liegen lasse. Jetzt endlich habe ich beschlossen, sie wegzugeben. Vielleicht kann sie ja noch jemand anderes verwenden.«

In den Medien wie auch in persönlichen Gesprächen ist oft von unserer Konsum- und Wegwerfgesellschaft die Rede. Bezüglich der Konsumgesellschaft trifft das sicherlich häufig zu, nie war der Konsum so billig zu haben wie heute. Was die Wegwerfgesellschaft angeht, wird diese vor allem von Seiten der Produzenten gefördert, die ihre Produkte mit eingebauten Schwachstellen und Verfallsdaten herstellen, so dass sie nach Ablauf der Garantiezeit oftmals schnell kaputtgehen. Diese Produktionsstrategie wird allgemein mit dem Begriff der »geplanten Obsoleszenz« beschrieben. Zudem werden Produkte dergestalt konstruiert, dass es schlicht unmöglich wird, sie zu reparieren, wie z. B. ein Toaster, dessen Gehäuse gar keine Schrauben mehr hat, um an das kaputte Innenleben heranzukommen, oder Laptops mit fest integrierten Akkus. Also weg in den Müll damit und ab ins Kaufhaus, um ein neues Gerät zu kaufen.

Meine Erfahrung in der Entrümpelungsberatung sowie am Tauschmobil ist jedoch eine ganz andere. Hier begegne ich Woche für Woche Menschen, die ihre Sachen, wenn sie sie nicht mehr brauchen, eben nicht einfach wegschmeißen wollen. Sie haben oftmals Dinge über viele Jahre angesammelt, »weil sie noch zu schön sind zum Wegwerfen«. Sie wissen, dass sie sie selbst nicht mehr benutzen werden, aber für den Weg in den Müll sind die Dinge noch zu schade. Hier erlebe ich das genaue Gegenteil einer Wegwerfmentalität. Wie viele Ansammlungen wohl genau aus dieser Diskrepanz heraus entstehen, dass Menschen den Konsum und das

Kaufen neuer, schöner Sachen lieben, andererseits aber große Hemmungen haben, das Alte einfach wegzuwerfen? Viele Menschen, die alte, unbenutzte Dinge nicht wegwerfen können, haben selbst nie Mangel erlebt. Jedoch war ihre Erziehung durch die Erfahrungen ihrer Eltern und Großeltern, die selbst Armut und Entbehrung erlebt haben, geprägt. »Das ist noch zu gut zum Wegwerfen« stammt aus einer Zeit, in der tatsächlich jedes Stück Material wertvoll war und wiederverwendet wurde.

Hinzu kommt, dass in der heutigen Zeit vielen Menschen klar geworden ist, dass viele Ressourcen der Erde endlich sind. Das Wissen um die ökologischen Probleme der Erde aufgrund »Ich nutze diese Cremes gar nicht. Aber ich kann die doch nicht einfach in den Müll schmeißen. Deshalb stehen sie jetzt bei mir herum und ich weiß nicht, was ich damit tun soll.« der Industrialisierung und des Konsums sowie die Auseinandersetzung mit dem Klimawandel haben bei vielen Menschen ein Bewusstsein geschaffen, das ich mit dem Begriff des ökologischen Gewissens bezeichnen möchte. Während einerseits die klimatischen Probleme der Erde so groß scheinen, dass sie den Einzelnen völlig überfordern, sind viele Menschen auf der Suche nach etwas, das sie selbst zum Erhalt der Erde beitragen können. Sie engagieren sich in ökologischen Initiativen oder pflegen einen bewusst ökologischen Lebensstil und gehen achtsam mit den Ressourcen der Erde um. Dadurch entfaltet das ökologische Gewissen des Einzelnen eine positive Wirkung. Es kann sich jedoch auch problematisch auswirken, wenn das Nicht-wegwerfen-Wollen übermäßig ausgelebt wird und sich zu einem Nicht-wegwerfen-Können entwickelt.

Im Extremfall können diese beiden Faktoren – also der Protest gegen die Wegwerfgesellschaft sowie das eigene ökologische Gewissen – dazu führen, dass jeder Versuch, etwas auszusortieren und wegzuwerfen, was noch nicht völlig abgenutzt oder kaputt ist, mit einem schlechten Gewissen einhergeht und davon geradezu torpediert wird. Der Einzelne muss sich dann ganz bewusst entscheiden, wem er Vorrang einräumt: Setzt er sich über das schlechte Gewissen hinweg und stellt seinen Wunsch nach mehr Raum und mehr

Leichtigkeit im Leben über die eigenen ökologischen Prinzipien? Oder setzt sich das ökologische Gewissen durch: Die Dinge bleiben, wo sie sind, weil der Preis des Entrümpelns, nämlich die Konfrontation mit dem eigenen schlechten Gewissen, zu hoch wäre? So kann das schlechte Gewissen ein echter Entrümpelungsgegner werden.

Wie können Menschen, die dieses Dilemma verinnerlicht haben, sich dennoch Raum verschaffen? Hier möchte ich noch mal an den Begriff »Wegwerfgesellschaft« erinnern. Dieser suggeriert, dass wir alle bedenkenlos alles wegwerfen, was wir gerade nicht mehr brauchen – also eine Haltung der Gleichgültigkeit gegenüber der Umwelt und dem Wert der Dinge haben. Da wir immer wieder mit diesem Vorwurf meist sehr pauschal konfrontiert werden (allein der Begriff »Wegwerfgesellschaft« lässt keinen Raum für Individuen und ihre persönlichen Entscheidungen), kann es passieren, dass wir unbewusst eine Gegenposition einnehmen, die unser Selbstbild des ökologisch bewussten Menschen aufrechterhält. Diese Gegenposition kann sich im Extremfall zu einer Haltung ausprägen, in der unterschiedslos gar nichts mehr weggeworfen wird – eine stereotype oder gar dogmatische Haltung, die keinen Raum für Einzelentscheidungen und für das eigene Befinden mehr lässt.

Abhilfe schafft hier das bewusste Abwägen von Wünschen, indem die einzelnen widerstreitenden Bedürfnisse bewusst gemacht und miteinander in Beziehung gesetzt werden. Da ist also zum einen das Bemühen um einen ökologisch sinnvollen und Ressourcen

»Ich mag diese dicken Pullover nicht. Ich ziehe lieber mehrere dünnere Shirts übereinander, so dass ich je nach Temperatur variieren kann. Aber ich weiß nicht, wohin mit diesen Pullis, die sind aus Wolle. Gute Qualität. In die Container will ich sie nicht werfen, da weiß man nicht, was damit passiert.«

schonenden Lebensstil. Dann gibt es vielleicht das Bedürfnis nach Sicherheit durch Besitz. Dann könnte ein Wunsch nach mehr Platz auftauchen oder das Bedürfnis nach Ordnung. Vielleicht gibt es auch die Sehnsucht nach einer harmonischen Beziehung, wenn die Wohnungsgestaltung und das Horten regelmäßig zu Konflikten in der Partnerschaft führen. Alle Bedürfnisse können nun gewichtet werden, um dann zu entscheiden, welches von ihnen in diesem Moment Vorrang hat. Was bleibt und was geht? Diese Abwägung kann immer wieder vollzogen werden und kann bei unterschiedlichen Anlässen jedes Mal zu einer anderen Entscheidung führen. Aber genau dadurch wird die Starre, die die alten Glaubenssätze und ökologischen Prinzipien mit sich bringen, aufgelöst. Das Leben kommt wieder in Fluss.

Für viele Menschen bietet das Internet mit seinen verschiedenen Plattformen des Verkaufens, Verschenkens und Tauschens eine ideale Lösung. Die Dinge kommen wieder in Umlauf, je nach Plattform kann sogar noch etwas Geld dafür eingenommen werden. Darüber hinaus sind an vielen Orten neben Flohmärkten Projekte und Initiativen entstanden, die gebrauchte Sachen zu gemeinnützigen Zwecken günstig weiterverkaufen oder verschenken und tauschen. Projekte wie Schenkläden, Giveboxen, Buchtauschboxen oder das Tauschmobil haben das Bedürfnis nach ökologisch sinnvollem Handeln aufgegriffen und bieten Plattformen an, die jeder unkompliziert nutzen kann. Neben dem ökologischen Nutzen ermöglichen diese Projekte oftmals eine soziale Umverteilung. Projekte des Tauschens, Schenkens und Teilens werden immer mehr, es lohnt sich also zu recherchieren, ob es nicht in der eigenen Wohnumgebung ein erreichbares Projekt gibt, an dem Sie sich beteiligen können (einige Adresshinweise finden Sie im Anhang).

Übung: Kleine überschaubare Einheiten aussortieren (2)

Den ersten Teil dieser Übung, den Sie oben bereits kennengelernt haben, können Sie regelmäßig wiederholen, bis Ihnen das Aussortieren immer leichter fällt und zur Routine wird. Bevor Sie damit erneut beginnen, nehmen Sie sich einen Moment Zeit, um auszuwerten, wie Sie mit der Übung klargekommen sind:

- Was ist Ihnen leichtgefallen, was schwer?
- War der Umfang Ihres Aufräumprojekts passend gewesen?
  - War der Ort zu groß gewählt, so dass Sie nach Ablauf der Zeit womöglich noch nicht fertig waren? Dann nehmen Sie sich heute eine kleinere Fläche vor.

- Oder waren Sie ganz schnell fertig und hatten noch viel Energie zum Aussortieren? Dann nehmen Sie sich heute eine etwas größere Fläche vor.
- War der Mülleimer groß genug oder brauchen Sie einen größeren?
- Gab es während des Aufräumens Störungen, die Sie davon abgehalten haben, Ihren Plan auszuführen? Dann kümmern Sie sich zuerst um diese Störfaktoren. Schalten Sie beispielsweise Ihr Handy aus oder bitten Sie Ihre Familienmitglieder, Sie in dieser Stunde nicht zu stören. Sagen Sie ihnen, wann Sie wieder ansprechbar sind.

Wenn Sie nun einen Ort zum Aufräumen ausgewählt haben, führen Sie die Aussortierübung erneut durch: Legen Sie erneut einen Zeitraum fest und stellen Sie sich gegebenenfalls einen Wecker. Stellen Sie einen großen Mülleimer bereit und, wenn Sie wollen, die Kiste mit »all den Dingen, die noch zu gut sind zum Wegwerfen«. Entfernen Sie wiederum alle Gegenstände von der Fläche und wischen Sie den Platz sauber. Wählen Sie nun Stück für Stück aus, was wieder zurück an diesen Platz soll. Was nutzen Sie regelmäßig? Was nutzen Sie gerne? Welches Stück macht Ihnen Freude? Womit fühlen Sie sich wohl? All diese Dinge können Sie wieder einräumen und einsortieren. Alle anderen Dinge wandern entweder in den Mülleimer oder in die Kiste zum Weggeben.

Ist der Ort zu Ihrer Zufriedenheit aufgeräumt oder die geplante Zeit um, würdigen Sie Ihren Erfolg angemessen.

»Ich wünschte, es gäbe eine gute Fee, die den ganzen Krempel wegzaubert!« – Der erlernte Ordnungsbegriff

In einem Gespräch zum Thema Ordnung und Aufräumen kam ein junger Mann ins Erzählen: »Ich bin ein echter Sammler und kann leider so gar nichts wegwerfen. Aber eigentlich müsste man mal so richtig ausmisten, damit man mit dem Aufräumen überhaupt eine Chance hat. Manchmal wünschte ich mir eine gute Fee, die den ganzen Krempel einfach wegzaubert. Dann stelle ich mir vor, ich wache morgens auf, und alles ist weg. Nur ein paar wenige, absolut notwendige Dinge sind übrig. Aber meine alte Kleidung, die ich nicht mehr trage, Bücher, die ich nicht mehr lese, und Werkzeug, das teilweise gar nicht mehr funktioniert – das ist alles verschwunden, weggezaubert! Und überall freie Flächen, auf denen sich nichts mehr ansammelt, weil es gar nichts mehr gibt, was sich dort ansammeln könnte …

Aber das Ansammeln war schon immer ein Problem. Bei uns zu Hause war immer Chaos! Alles wurde aufgehoben. Meine Eltern sind bis heute so, das macht mir das Wegwerfen noch schwerer. Ich habe zum Beispiel einen alten, extrem sperrigen und schweren Wäscheständer, der mal meiner Großmutter gehörte. Den wollte ich eigentlich weggeben. Mir würde ein kleineres, leichteres Modell ausreichen. Aber als ich das meiner Mutter gegenüber erwähnte, wollte sie davon gar nichts hören. Der sei doch ein Erbstück ihrer Mutter und noch völlig in Ordnung; so einen robusten und langlebigen Wäscheständer bekäme ich nie wieder … Deshalb steht dieser Wäscheständer bis heute in meiner Wohnung.«

Das Thema Ordnung durchzieht unser Leben auf vielfältige Weise, und unser persönliches Ordnungsempfinden beeinflusst unser Denken, Fühlen und Handeln. Wer kennt das nicht: Eine Freundin hat sich zu einem Besuch angemeldet und wird für ein paar Tage bleiben. Am Tag vorher wird die Wohnung einer gründlichen Reinigung unterzogen. Oder: Eine Bekannte klingelt spontan an der Tür und will ein Schwätzchen halten. Kurz fragt man sich, ob die Wohnung wohl sauber genug ist, um sie zu zeigen. Vielleicht meldet sich auch ein Gefühl von Scham darüber, dass nicht aufgeräumt ist. Oder: Eine Frau lässt die Verpackung eines Schokoriegels auf die Straße fallen, anstatt sie im Mülleimer zu entsorgen. Eine andere Frau, die hinter ihr geht, ärgert sich über diese Rücksichtslosigkeit. Vielleicht überlegt sie, ob sie die Frau ansprechen soll. Alle diese Situationen betreffen unser Ordnungsempfinden und unseren Umgang mit Ordnung in gesellschaftlichen Zusammenhängen.

Unser persönliches Ordnungsempfinden wird stark geprägt durch die Vorstellungen, die in der jeweiligen Gesellschaft, im sozialen Umfeld und insbesondere in der eigenen Familie herrschen. Die in einer Gesellschaft gültigen Werte werden mit einer Vielzahl von Normen und Regeln ausgedrückt. Viele dieser Regeln sind nirgendwo schriftlich fixiert, haben auf den Einzelnen jedoch eine genauso disziplinierende Wirkung wie formelle Gesetze. Im Rahmen der Erziehung werden dem Kind gesellschaftlich anerkannte Werte und die geschriebenen wie ungeschriebenen Normen und Regeln vermittelt. Eltern, Großeltern, Geschwister, Erzieher, Lehrerinnen, Nachbarn und andere Bezugspersonen – alle arbeiten sie an der Durchsetzung der Normen mit.

Viele dieser Regeln sind uns nicht bewusst, und dennoch achten wir auf deren Einhaltung. Im Alltag verständigen wir uns über diese Regeln, indem wir darüber sprechen, was »man« tut und was nicht, oder indem wir Bewertungen äußern, welches Verhalten wir richtig und angenehm finden und welches uns stört. Kinder lernen so das Wertesystem der Eltern und ihres sozialen Umfeldes von klein auf kennen. Sie werden für erwünschtes Verhalten belohnt und für unerwünschtes Verhalten kritisiert oder mit negativen Konsequenzen belegt. Durch diesen Prozess der Werte- und Normenvermittlung erlernen und erwerben Kinder Vorstellungen und Verhaltensweisen, durch die sie ihren Platz in der Gesellschaft finden.

Dieser Prozess der Sozialisation ist eine große Herausforderung für die Erwachsenen; nicht immer gelingt es ihnen, die Normen der Gesellschaft mit den Bedürfnissen der Kinder in Einklang zu bringen. Das ist beispielsweise der Fall, wenn die Eltern mit der Aufgabe der Erziehung überfordert sind und Erziehungsmittel einsetzen, die dem Kind Schaden zufügen.[4] Kinder erleben dann psychische Gewalt (z. B.

> »Weihnachten war früher schlimm. Das ganze Haus musste sauber gemacht werden. Es wurde tagelang geputzt und gekocht. An Weihnachten hat meine Mutter dann vor Erschöpfung geweint. Meine Töchter haben sich später dagegen gewehrt, seitdem machen wir das nicht mehr. Aber meine Schuldgefühle sind immer noch da.«

häufiges und massives Schimpfen, Abwerten, Beleidigen, Vergleichen, Bloßstellen, Ausgrenzen, Liebesentzug) und manche auch körperliche Gewalt (z. B. Ohrfeigen, Schläge). Bei einigen von ihnen wird sich das Gefühl einstellen,»nicht richtig« zu sein, nicht voll dazuzugehören oder ständig zu versagen.

Eine andere Problematik kann entstehen, wenn Eltern ihren Kindern zu wenig Orientierung und Struktur bieten. Dies kann dazu führen, dass sich die Kinder im täglichen Chaos mit seinen ständig wechselnden Regeln verloren fühlen. Sie lernen keinen klaren Werterahmen kennen, in dem sie sich sicher bewegen können. Ihr Bedürfnis nach Orientierung und Struktur wird nicht erfüllt, und sie lernen nicht, wie sie sich selbst strukturieren können, weil ihnen die Vorbilder dafür fehlen.

Beim Thema Entrümpeln taucht das Thema Ordnung regelmäßig auf. Oftmals erlebe ich, dass es zu Beginn der Beratung sehr idealisiert wird. Menschen bewerten eine Wohnung beispielsweise dann als ordentlich, wenn alles einen Platz hat, wenn nichts einfach so herumliegt, wenn einige wenige Dekoteile hübsch ausgestellt sind und die Wohnung immer bis in jede Ecke geputzt ist. Das Ideal ist dann eine recht sterile Wohnung, in der nur wenig Leben möglich ist, weil Leben immer auch Dreck und Unordnung verursacht. Das Betreten der Wohnung bringt Staub und Straßenschmutz mit sich, das Essen eines Brötchens verursacht Krümel. Je größer die Diskrepanz zwischen dem eigenen Ideal und der persönlichen Realität, desto größer sind der innere Druck und das permanente Gefühl zu versagen. Wenn dann die Nachbarin unangemeldet klingelt, stellt sich zusätzlich ein Gefühl von Scham ein:»Wenn die das sieht, was wird die von mir denken …?«

Die Bilder von Ordnung, nach denen wir im Hier und Jetzt leben, stammen zu einem wesentlichen Anteil aus der Kindheit. Der damals in der Familie und im Umfeld herrschende Ordnungsbegriff sowie die Art und Weise, wie dieser vermittelt wurde, haben unser eigenes Bild von Ordnung und unser Selbstbild in Bezug auf Ordnung geprägt. Ein paar Beispiele:

Stellen Sie sich Kinder vor, deren Eltern einen sehr rigiden und starren Ordnungsbegriff verfolgen und sehr streng in ihrer Erziehung sind. Die Kinder verinnerlichen diese Bilder zusammen mit den Bewertungen ihrer Eltern und Bezugspersonen. Passen sie ihr Verhalten diesem Ordnungsbegriff an, gelten sie als vorbildlich und erfahren dafür Anerkennung. Verstoßen sie jedoch häufig dagegen, erleben sie einen Mangel an Anerkennung, werden sie für ihr Fehlverhalten bestraft und erfahren abwertende Zuschreibungen. Sie gelten als »faul«, »unordentlich«, »schludrig«, als »Schlamper« oder »Chaoten«. Diese Zuschreibungen prägen das Selbstbild und werden verinnerlicht: »So bin ich also.«

Ein anderes Kind, das in einem Haushalt aufwächst, in dem große »Un-Ordnung« herrscht, wird Schwierigkeiten haben, überhaupt ein Bild von Ordnung zu entwickeln. Oder es baut sich ein Bild von Ordnung auf, das dem exakten Gegenteil des selbst Erlebten entspricht. Dieses Kind entwickelt im Erwachsenenalter womöglich eine Sehnsucht nach leeren Räumen – ohne zu wissen, wie das umgesetzt werden könnte. Es fehlt die eigene Erfahrung dazu.

»Meine Schwester ist sehr penibel, bei ihr ist immer geputzt. Aber sie spielt nie mit ihren Kindern. Mir ist wichtig, mit meinen Kindern rauszugehen und zu spielen. Aber meine Mutter hält mir immer meine Schwester vor, bei der alles so ordentlich ist.«

Wieder andere Kinder erleben die häusliche Ordnung in ihrer Familie als Bestandteil des gesellschaftlichen Status der Eltern. Der Besitz bestimmter Güter und deren nach außen gezeigte »An-Ordnung« sind bedeutsam für die gesellschaftliche Position der Familie. Diese Kinder verinnerlichen dann vielleicht eine enge Verknüpfung der persönlichen Ordnung mit gesellschaftlicher Anerkennung und Erfolg.

Dies sind nur ein paar Beispiele, wie sich das Umfeld auf unsere inneren Bilder und Einstellungen auswirkt. Es würden sich noch viele mehr finden lassen. Weitere Einflussfaktoren sind z. B. die Rolle des Kindes gegenüber den Eltern, die Art der Geschwisterkonstellation sowie die jeweils geltenden Geschlechterrollen. Diese wirken sich beispielsweise darauf aus, wer sich für die Ordnung im Haushalt zuständig fühlt. Diese Faktoren möchte ich an dieser Stelle nur erwähnen, eine ausführliche Beschreibung würde hier zu weit führen.

All diese Bilder und Bewertungen funktionieren auch dann noch, wenn die Eltern längst nicht mehr anwesend sind. Wir haben gedankliche Muster herausgebildet, die unser Denken und Handeln auch im Erwachsenenalter noch prägen.[5] Für Menschen, die beginnen, ihre Wohnung zu entrümpeln, weil sie sich nach mehr Ordnung sehnen, kann es deshalb hilfreich sein, sich vorher einen Moment mit ihrem inneren Bild von Ordnung auseinanderzusetzen.

Eine Klientin in der Beratung, die zu Beginn ihres Entrümpelungsprozesses die Vorstellung hatte, dass 80 Prozent ihres Besitzes »zu viel« sei, und die als Ziel eine fast leere Wohnung vor Augen hatte, meinte nach ein paar Beratungssitzungen: »Wenn ich ehrlich bin, in einer Wohnung, in der nichts herumsteht und -liegt, würde ich mich gar nicht wohl fühlen. Ich brauche meine Stapel und Sachen. Wenn alles zu penibel aufgeräumt ist, traut man sich ja gar nicht, sich zu bewegen. Das würde gar nicht zu mir passen. Die Frage ist eher: Was ist meine persönliche Ordnung oder Unordnung, mit der ich mich wohl fühle?«

Die Suche nach dem eigenen, individuell stimmigen Maß an Ordnung/Unordnung bedeutet, sich vom erlernten Ordnungsbegriff zu lösen und sich zu fragen: Was tut mir heute gut? Was brauche ich in meiner Wohnung, damit ich mich wohl fühle? Und welcher Anteil ist das eigentliche »Zuviel«, das mir Stress oder Unbehagen verursacht? Zudem können die eigenen Bewertungsmuster überprüft werden. Jemand, der einen idealisierten Ordnungsbegriff verinnerlicht hat, wird dabei vielleicht entdecken, dass der Ordnungsbegriff durchaus auch seine Schattenseiten hat, wenn er zu streng gefasst und gelebt wird. In der Übertreibung der Ordnungsliebe kann das zu unangemessener Pedanterie oder einem übertriebenen Putzzwang führen.

Ebenso kann auch der Begriff »Faulheit« überprüft und das, was mit ihm bezeichnet wird, anders bewertet werden. Für eine Leistungsgesellschaft ist »Faulheit« ein Störfaktor und wird entsprechend negativ bewertet. Faulheit ist aber auch der Ausdruck eines natürlichen Bedürfnisses nach Ruhe und Entspannung, nach

Muße und Erholung. Dies sind alles sehr wichtige Faktoren für ein erfülltes Leben. Erst in der Übertreibung, wenn an die Stelle der entspannten »Faulheit« bzw. Muße und dem natürlichen Ruhebedürfnis eine sich selbst vernachlässigende Faulheit, eine Verwahrlosung der eigenen Person und Umgebung tritt, schadet die Faulheit dem eigenen Selbst und vielleicht auch anderen Menschen (z. B. Kindern).[6]

Diese Perspektive ermöglicht eine positive Bewertung der Faulheit. So kann das Faulenzen geradezu genüsslich ausgekostet werden, genauso genüsslich wie die auf die Faulheitsphase anschließende Aktivität. Im Wechsel von Aktivität und Ruhe können beide Qualitäten bewusst wahrgenommen und gelebt werden.

Übung: Mein Ordnungsempfinden erkunden

Erforschen Sie sich selbst: Was ist Ihre persönliche Vorstellung von dem Begriff »Ordnung«? Wie sieht eine Wohnung aus, die Sie als ordentlich empfinden? Wie viele Dinge sind zu sehen, wie aufgeräumt ist diese Wohnung? Wie viele freie Flächen gibt es? Wie viel steht auf dem Boden? Wie viele Dekorationsartikel sind in der Wohnung zu sehen? Wie regelmäßig wird die Wohnung geputzt?

Schreiben Sie sich ein paar Stichworte dazu auf: Wie wohl fühlen Sie sich in einer Wohnung, die Ihren Vorstellungen von Ordnung entspricht? Pudelwohl – ganz in Ordnung – oder: eher unbehaglich?

Falls »pudelwohl« *nicht* Ihre Antwort war: Was müsste sich in dieser imaginierten Wohnung verändern, damit Sie sich dort pudelwohl fühlen würden? Was ist *Ihr persönlich gutes Maß an Ordnung*, das Ihnen heute entspricht?

»Ich will alles ganz genau machen.« – Der Perfektionismus

Eine große Kiste wurde am Tauschmobil abgegeben. Sie enthielt ein buntes Sammelsurium an Dingen: Schwimmflossen, eine Schachtel mit Dia-Bilderrahmen, eine Pocket-Kamera, ein Paar

Schuhe und einige andere Dinge. Der Mann, der die Kiste gebracht hatte, erzählte, dass er gerade seine Wohnung renoviere: »Das Renovieren stresst mich total. Ich habe viel zu viele Sachen, aber das Ausmisten fällt mir so unendlich schwer. Und wenn ich einmal damit anfange, will ich alles ganz genau machen. Bei jedem Stück überlege ich ewig, ob ich das nicht noch irgendwann gebrauchen könnte. In der Abstellkammer habe ich zum Beispiel einen Karton mit alten Papieren gefunden. Den wollte ich entsorgen. Ich habe es aber nicht geschafft, ihn einfach ins Altpapier zu werfen, obwohl ich da schon ewig nicht mehr reingeschaut habe. Stattdessen habe ich angefangen, die Sachen durchzusehen. Es war eigentlich nur altes Zeug, aber ich wollte nichts übersehen. Bei vielen Papieren haben mich die Erinnerungen eingeholt. Diese Sachen habe ich dann alle nochmals gelesen. Ich fand unzählige Zeitungsausschnitte, die ich aufgehoben habe. Dabei habe ich mich richtig verzettelt. Ich habe es immer noch nicht geschafft, diesen Karton ganz zu entsorgen.« Er schüttelte den Kopf und wirkte etwas ratlos: »Das ist mein Problem: Ich bleibe beim Ausmisten immer an Details hängen und will alles ganz genau machen. Aber so viel Zeit habe ich gar nicht. Und weil ich weiß, dass ich ewig zum Aufräumen und Ausmisten brauche, fange ich oftmals gar nicht erst an und schiebe es vor mir her.«

In meinen Beratungen begegnen mir immer wieder Menschen, die, wenn sie zu übermäßigem Ansammeln und Horten neigen, auch einen Hang zum Perfektionismus haben. Perfektionismus ist ein mächtiger Entrümpelungsgegner. Er kann dazu führen, dass Menschen, die mit gutem Willen zu entrümpeln beginnen, sich schon an der ersten Schublade im Detail verlieren. Jede kleinste Notiz wird noch einmal exakt gelesen, erinnert und bewertet, und jeder Gegenstand wird mehrfach herumgedreht, um zu einer Entscheidung zu kommen, weil man nur ja nichts falsch machen möchte. Dies ist sehr zeitaufwendig und anstrengend und kann zu einer tiefen, auch geistigen Erschöpfung führen.

»Ich fange gar nicht erst an, weil es zu viel ist.«

45

Selbst vermeintlich kleine Aufgaben werden zu einer großen Anstrengung.

Darüber hinaus führt Perfektionismus oft dazu, dass Menschen sich ihre Ziele zu hoch stecken. Wer sich Ziele setzt, die er bei realistischer Betrachtung gar nicht erreichen kann, sorgt ungewollt dafür, dass er immer wieder scheitert. Er scheitert jedoch nicht daran, dass er zu einer geplanten Aufgabe grundsätzlich nicht fähig wäre, sondern allein an seinem unrealistischen Anspruch an sich selbst. Wenn er hingegen lernt, sich kleine, machbare Ziele vorzunehmen, erlaubt er sich, in kleinen Schritten zu lernen und erfolgreich zu sein.

Oft geht mit einem hohen Perfektionismus ein Gefühl von Scham einher. Eine Frau erzählte in einer Beratungssitzung Folgendes: »Mein Perfektionismus führt dazu, dass ich mich schäme, wenn ich etwas nicht schaffe oder wenn ich Fehler mache. Das drückt dann ganz schön auf mein Selbstvertrauen. Ich fühle mich klein und glaube, gar nichts zu können. Um da herauszukommen, versuche ich also, mich noch mehr anzustrengen und noch besser zu sein. Das macht Druck und verstärkt wiederum den Perfektionismus. Aber auch dann passieren ja wieder Fehler, was mein Selbstvertrauen noch mehr ankratzt.«

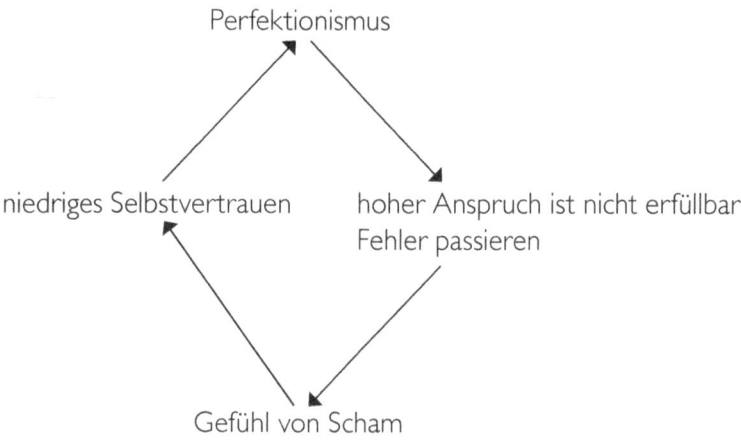

Abb. 5: Der Teufelskreis von Perfektionismus und Scham

Der Perfektionismus führt so zu einem wahren Teufelskreis, in dem es schwer ist, ein Vertrauen in sich selbst und die eigenen Fähigkeiten zu entwickeln. Die Scham bei vermeintlichen Fehlern verhindert, mit den eigenen Begrenzungen offen umzugehen. Sie kann dazu führen, dass man sich versteckt und die eigenen Fehler zu verbergen sucht. Im Extremfall kann sich das Gefühl entwickeln, eine Art Doppelleben zu führen: Es gibt das sichtbare, gesellschaftlich vorzeigbare Leben, dessen polierte Fassade mühsam aufrecht erhalten wird, und das nach außen unsichtbare, »wirkliche« Leben, die Welt im eigenen Inneren oder in den eigenen vier Wänden.

Wer bemerkt, dass er häufig einen hohen perfektionistischen Anspruch an sich hat, kann sich darin üben, diesen Anspruch schrittweise zu verringern oder aufzulösen. Es beginnt damit, sich selbst zu beobachten und wahrzunehmen, was durch den Perfektionsanspruch in uns passiert. Gefühle sind Hinweise aus unserem Inneren; wenn wir sie wahrnehmen, lernen wir uns selbst besser kennen.

In einem nächsten Schritt könnte versucht werden, mal etwas ganz anders zu tun als bisher: sich ein kleineres Ziel zu setzen, die Aufgabe so abzuwandeln, dass sie machbar wird, oder einmal etwas absichtlich nicht perfekt zu machen. Was passiert dann? Wie verändern sich Ihre Gefühle?

Dieser Prozess kann immer wiederholt werden. Wer sich erlaubt, zu experimentieren und einmal etwas anders zu machen, wird neue Möglichkeiten entdecken und neue Erfahrungen machen. Wem es bei einer Aufgabe gelingt, seinen Anspruch ganz bewusst zu reduzieren, wird erleben, dass er Zeit und Energie

»Die Zeit reicht nicht aus! Wenn ich etwas mache, dann schieße ich über das Ziel hinaus und höre nicht mehr auf. Das Maß stimmt nicht. Ich gehe zu tief rein und verliere mich dabei.«

spart und am Ende sehr viel weniger erschöpft ist. Wer es einmal geschafft hat, ein Ziel so zu planen, dass es realistisch umsetzbar ist, kann sich hinterher über seinen Erfolg freuen und ein Gefühl von Zufriedenheit haben. Ganz allmählich verändern sich die Erfahrungen und das innere Erleben, und die alltäglichen Aufgaben können leichter bewältigt werden.

Wenn sich jemand von seinem übermäßigen Perfektionismus verabschieden möchte, kann es außerdem hilfreich sein, sich mit seinen Bewertungsmaßstäben bei eigenen Fehlern auseinanderzusetzen. Oftmals sind wir mit uns selbst viel strenger als mit anderen. Den Fehler eines anderen zu entschuldigen, fällt uns viel leichter, als uns selbst Fehler zuzugestehen. Egal, wie klein oder realistisch Sie Ihre Ziele planen und Aufgaben einteilen, Sie werden wieder Fehler machen. Das ist ganz einfach das Wesen unseres menschlichen Daseins. Es erfordert Mut, sich Fehler einzugestehen. Es erfordert darüber hinaus Großmut mit sich selbst, nämlich sich zu verzeihen, dass man in einer bestimmten Sache vielleicht »Mist gebaut« hat.

Kennen Sie das auch: Je mehr ich einen Fehler zu vermeiden versuche, desto zielsicherer wird er eintreten. So empfinde ich es zumindest. Häufig setzen wir uns schon vor Beginn einer Aufgabe unter Druck aus der Befürchtung heraus, wir könnten ihr nicht gewachsen sein, und wir malen uns die negativen Konsequenzen in den düstersten Farben aus. Eine kurze rationale und realistische Überprüfung dieser emotionalen Vorannahmen würde uns aber aufzeigen, dass die realistischen Konsequenzen eines Fehlers meist weit weniger drastisch und durchaus verkraftbar wären.

Fehler sind ein wesentlicher Bestandteil unserer Entwicklung. Durch unsere Fehler sind wir gezwungen, über uns und das Problem nachzudenken, so dass wir auf neue Lösungen und neue Wege kommen. Fehler sind Teil unseres persönlichen Lernprozesses, den wir ein Leben lang aktiv gestalten können.

Übung: Den Perfektionismus an die Hand nehmen
Wie hoch ist Ihr Perfektionismus? Stellen Sie sich eine Bewertungsskala von 1 bis 10 vor, bei der die 1 für »sehr gering« und die 10 für »sehr hoch« steht. Mit welcher Zahl würden Sie Ihren perfektionistischen Anspruch bewerten?

Gibt es Unterschiede – je nachdem? Wie hoch ist Ihr Perfektionismus in Ihrem hauptberuflichen Bereich und wie hoch, wenn Sie ehrenamtlich arbeiten? Wie hoch ist er, wenn Sie handwerklich oder künstlerisch tätig sind, wie hoch, wenn Sie kochen, und wie hoch, wenn es um Papierkram geht? Wie stark ist Ihr Perfektionismus ausgeprägt, wenn Sie sich mit Freunden treffen (bezüglich Pünktlichkeit, Verlässlichkeit oder in Bezug auf wichtige, komische und interessante Beiträge zum Gespräch)? Wie hoch ist er, wenn Sie sich entspannen wollen?

Wählen Sie nun einen Bereich aus, in dem Ihr Perfektionismus sehr stark ausgeprägt ist. Was genau sind Ihre Befürchtungen? Was ist das Schlimmste, was passieren könnte, wenn Sie einen Fehler machen würden? Was könnten Sie tun, wenn dieser Fehler eintreten würde? Wer könnte Hilfe leisten? Was könnten Sie an Positivem erleben, wenn dieser Fehler eintreten würde?

»Ich bringe es nicht übers Herz, die Sachen wegzuwerfen.« – Der Wert der Dinge

Ein älterer Mann kam über mehrere Wochen zum Tauschmobil, weil er kurz vor einem Umzug in eine kleinere Wohnung stand. Jedes Mal brachte er einige Dinge mit, und manchmal erzählte er seine Erinnerungen dazu.

Eines Tages sagte er:»Heute habe ich etwas ganz Besonderes dabei.« Stück für Stück packte er etwa zehn kleine gerahmte Bilder aus, die alle liebevoll in Zeitungspapier eingeschlagen waren. Es handelte sich um Ölbilder mit Landschafts- und Tiermotiven, die sehr ausdrucksstark waren. Jedes Bild hatte einen passenden Rahmen.

Die Bilder waren kleine Schätze, das war sofort zu erkennen.»Ich war früher zu DDR-Zeiten viel unterwegs gewesen. In künstlerischen Kreisen war das ja möglich, und so bin ich in die ganzen östlichen Länder gereist, vor allem in den 60er- und 70er-Jahren. Wir Künstler haben uns immer getroffen, mal war ich dort, mal waren andere Künstler hier zu Besuch. Diese Treffen und das Reisen waren mein Leben. Oft haben wir uns gegenseitig kleine Geschenke gemacht. Diese Bilder sind von Künstlern aus Tschechien, alles Originale. Leider habe ich in der neuen Wohnung keinen Platz für diese Bilder. Und ich bringe es nicht übers Herz, sie

wegzuwerfen. Deshalb hoffe ich sehr, dass sie hier einen neuen Liebhaber finden werden.«
Später entdeckte ein kleiner Junge die Bilder und war ganz fasziniert von den Tierbildern. Er suchte sich zwei davon aus und packte sie ganz behutsam ein. Als der Mann eine Woche später davon erfuhr, freute er sich:»Dann sind sie ja in guten Händen.«

Wenn vom»Wert« der Dinge die Rede ist, kann sehr Unterschiedliches damit gemeint sein, denn der Wert einer Sache hat nicht unbedingt mit der Höhe seines Ladenpreises zu tun, sondern umfasst eine persönliche, subjektive Bewertung eines Gegenstands oder einer Situation.»Das ist es mir wert«,»Der Preis ist mir zu hoch« oder»Das ist mir lieb und teuer« sind nur ein paar Sätze, mit denen wir unsere Bewertungen zum Ausdruck bringen. Die Bewertung einer Sache hängt von unseren Einstellungen und Überzeugungen, unserer augenblicklichen Lebenssituation, unseren Erfahrungen, unserem Alter und Geschlecht, unserer momentanen Befindlichkeit und von vielem mehr ab.

Das Thema Entrümpeln hat sehr viel mit dem Thema Wert zu tun. Beim Tauschmobil erlebe ich viele Situationen und Gespräche, die sich um den Wert von bestimmten Dingen drehen. Menschen bringen ihre Sachen, die sie entrümpelt haben, die aber noch schön genug sind, um sie anderen zu schenken. Sie verleihen den Gegenständen, die sie nicht mehr nutzen und die für sie selbst also»wertlos« geworden sind, einen neuen Wert, indem sie sie weggeben. Im Tauschmobil finden die Dinge neue Besitzer, vielleicht sogar Liebhaber, die den Gegenständen durch ihre neue Verwendung ein zweites Leben schenken.

»Ich wollte dieses wunderbare Kaffeeservice mit Goldrand meiner Enkelin schenken, aber sie wollte das gar nicht haben: Sie meinte, das passt nicht zu ihrer Einrichtung. Dabei habe ich das extra für sie aufbewahrt! Sie hat sich nun ein modernes Geschirr gekauft.«

Die Gegenstände werden wieder in ihrer Funktion wahrgenommen und gebraucht, anstatt dass sie ungenutzt im Schrank liegen und verstauben.

Werden die Dinge über die Jahre in großen Mengen angesammelt, können sie allein durch ihre Masse»wertlos« werden. Ein tolles Buch, das ich nicht mehr finde, oder ein kaputtes Instrument, das ich seit Jahren behalte, ohne es zu reparieren, trägt im Hier und Jetzt nichts zu meiner Lebensfreude bei, egal, welche Geschichte ich damit verbinde. Es sammelt Staub an, verbraucht Lebensraum und wird von mir nicht in der Weise gewürdigt, wie es ihm gebührt. Das Buch wurde geschrieben, um die Leser mit der Geschichte zu erfreuen und zu unterhalten, und das Instrument wurde gebaut, damit darauf Musik gespielt wird. Entrümpeln bedeutet, den Gegenständen einen Wert beizumessen und entsprechend zu handeln: Die Dinge, die Freude bereiten, die glücklich machen, bekommen einen guten Platz, so dass sie jederzeit nutzbar sind und den Alltag leichter und schöner machen. Die Dinge, die kaputt sind oder nicht mehr genutzt werden, werden entsorgt. Verschenkt werden könnten Dinge, die noch schön, vollständig und funktionsfähig sind, damit sie anderen noch Freude bringen. Zum Thema des Verschenkens finden Sie im folgenden Unterkapitel »Ein Geschenk kann ich doch nicht einfach wegwerfen!‹ – Der Umgang mit Geschenken« weitere Gedanken.

Immer wieder geschieht es auch, dass Menschen Gegenstände zum Tauschmobil bringen, um sich bewusst von den damit verbundenen Themen, Situationen, Menschen und Erinnerungen frei zu machen. In dem Moment, in dem sie einen solchen Gegenstand im Tauschmobil abgeben, lassen sie ihre emotionale Geschichte, die mit dem Gegenstand verbunden ist, los. Derjenige, der sich den Gegenstand aussucht, kennt die Geschichte nicht, für ihn hat der Gegenstand einen neutralen Wert.

Gerade bei den Gegenständen, die jemandem besonders wertvoll sind – das kann ihr materieller oder ihr immaterieller Wert sein – nehme ich auf Seiten der Schenkenden häufig einen großen Wunsch nach Würdigung ihres Geschenks wahr.

»Dieses tolle Kleid habe ich mir vor vielen Jahren in Paris gekauft. Es hat fast 1000 DM gekostet, das war damals wahnsinnig viel Geld. Ich hatte das Kleid nur ein einziges Mal an. Aber es war ein ganz besonderer Anlass und ich sah umwerfend aus.«

wahr. Es ist ihnen wichtig, dass es in gute Hände kommt. Oft habe ich erlebt, dass die Freude des Beschenkten für den Schenkenden eine wertvolle Hilfe war, um den Schritt des Loslassens zu vollziehen. Immer wieder sagen mir die Leute am Tauschmobil, dass sie die Dinge lieber bei mir abgeben als sie im Hausflur auszulegen oder bei anonymen Abgabestellen abzuliefern, weil sie hier sehen, dass die Dinge geschätzt und gut behandelt werden, und weil sie oft direkt miterleben, dass sich jemand über ihre Sachen freut. Und sie freuen sich, wenn sie im Austausch selbst etwas Schönes für sich finden.

Manche der Tauschmobilbesucher zeigen mir jeden Gegenstand, den sie mitbringen und erzählen mir kleine, liebevolle Geschichten, die sie damit verbinden, oder wie viel der Gegenstand sie mal gekostet hat, oder sie weisen auf seine Qualität hin. Manchmal scheint dabei auch durch, wie viel Energie es sie gekostet hat, sich von diesem Gegenstand zu trennen, und immer spüre ich die Freude, die mit dem Loslassen und Schenken verbunden ist.

Übung: Erinnerungen bewahren – unabhängig von Gegenständen
Schritt 1: Wählen Sie einen Gegenstand in Ihrer Wohnung aus, mit dem Sie eine persönliche Geschichte verbinden. Wenn möglich, nehmen Sie diesen in die Hand und lassen Sie Ihre Gedanken schweifen: Was verbindet Sie mit diesem Gegenstand, welche Erfahrungen und Erinnerungen sind mit ihm verknüpft? Wie fühlen Sie sich, wenn Sie an ihn denken? Wie würden Sie den persönlichen Wert dieses Gegenstands beschreiben?
Schritt 2: Welche anderen Möglichkeiten haben Sie, diese Erinnerungen zu bewahren? In welchen anderen Situationen denken Sie an diesen Menschen oder das Ereignis? Welche Erinnerungen hat Ihr Herz gespeichert, die keinen äußeren Anlass mehr brauchen, damit Sie sich diese vergegenwärtigen können?

Machen Sie sich dazu ein paar Notizen in Ihr Entrümpelungstagebuch.

»Ein Geschenk kann ich doch nicht einfach wegwerfen!« – Der Umgang mit Geschenken

Eine Frau brachte ein Buch mit Schokoladen- und Pralinenrezepten zum Tauschmobil, das sie von einer Freundin zum Geburtstag bekommen hatte. Sie erzählte dazu: »Meine Freundin hatte mich gefragt, was ich mir zum Geburtstag wünsche. Ich hatte ihr gesagt, dass ich gerne ein Backbuch hätte. Am besten eines mit einem Bild auf der einen und dem dazugehörigen Rezept auf der anderen Seite. Einfach und übersichtlich. Und was schenkt sie mir? Ein Schoko- und Pralinenbuch mit ganz aufwendigen Rezepten. So ein Quatsch. Da fragt sie mich, was ich will, und dann schenkt sie mir so etwas. Ich kann damit gar nichts anfangen, für mich ist dieses Buch völlig unnütz. Ich habe mich ziemlich geärgert und es dann einfach zwischen meine anderen Koch- und Backbücher gestellt. ›Ein Geschenk kann ich doch nicht einfach wegwerfen‹, dachte ich. Aber jedes Mal, wenn ich dieses Schokobuch sehe, erinnere ich mich wieder an den Ärger. Deshalb muss das Buch jetzt weg. Ich bin froh, dass ich mit dem Buch nun auch meinen Ärger loswerde.«

Wie geht man mit ungeliebten Geschenken von geliebten Menschen um? Vielleicht haben Sie bei dem Satz »Ein Geschenk kann ich doch nicht einfach wegwerfen« einen spontanen Impuls zur Zustimmung verspürt: »Ja, das kenne ich …«

Was machen wir also am besten, wenn wir etwas geschenkt bekommen, was uns nicht gefällt? Dazu ein paar Gedanken zum Thema Schenken: Beim Schenken gibt es meiner Ansicht nach zwei wesentliche Momente: Der eine ist die Zeit, Energie und Liebe, die wir auf das Besorgen des Geschenks verwenden. So wissen schon Kinder, dass sich ihre Eltern viel mehr über ein selbst gemaltes Bild freuen werden, als wenn sie von ihrem Taschengeld eine schöne Vase kaufen. Es ist die Energie, mit der ich mich in den anderen hineinversetze und mir Gedanken darüber mache, was ihn glücklich machen könnte. Es ist die Zeit und die Sorgfalt, die ich dafür verwende, das Geschenk auszuwählen, es zu gestalten oder zu besorgen und es hübsch zu verpacken.[7] Der zweite wesentliche

Moment ist der Akt des Schenkens selbst, der Moment, in dem ich dem anderen mit dem Symbol des Geschenks eine Freude mache. Dies ist ein kostbarer Moment, in dem wir unsere Zuneigung für den anderen ausdrücken.

Dieser Moment existiert unabhängig davon, ob das Geschenk den Geschmack des anderen trifft oder nicht. Ein Geschenk ist meiner Ansicht nach dann ein »echtes« Geschenk, wenn wir es aus ganzem Herzen schenken, ohne Bedingungen an das Geschenk zu knüpfen. Im Moment des Schenkens geben wir die Verantwortung für das Geschenk an den anderen ab. Dies bedeutet auch, dem anderen die Freiheit zu schenken, selbst zu beurteilen, ob es seinen Geschmack trifft, die Freiheit, über sein Geschenk so zu verfügen, wie er es möchte. Es beinhaltet auch die Freiheit, nichts vorspielen zu müssen und das Geschenk, falls es nicht gefällt, beispielsweise weiterschenken zu dürfen an jemanden, dem das Geschenkte gut gefällt. Auch dies ist eine Würdigung des Geschenks.

Beim Entrümpeln geht es darum, sich diese Freiheit bewusst zu machen und sie ernst zu nehmen. Es geht um eine Ehrlichkeit sich selbst gegenüber und darum, auch vor dem anderen zu sich und seinem Geschmack zu stehen. Das Entrümpeln ist eine Gelegenheit zu überprüfen, welche Geschenke Ihnen wirklich gefallen, welche Sie glücklich machen und welche Sie gerne verwenden. Alle Geschenke, die dies nicht tun, haben ihren wesentlichen Zweck, nämlich die Zuneigung des Schenkenden auszudrücken, bereits erfüllt. Diese Geschenke können aussortiert werden, weil sie

»Ich habe alles, was ich brauche, oder kaufe es mir. Zum Geburtstag bekomme ich manchmal Sachen, mit denen ich nichts anzufangen weiß und die dann herumstehen. Ich kann sie aber auch nicht wegwerfen, weil ich ja danach gefragt werden könnte. Am liebsten würde ich allen sagen, dass sie mir gar nichts mehr schenken sollen ...«

ansonsten im Hier und Jetzt keine Freude, sondern ein unangenehmes Gefühl von Verpflichtung verbreiten. Das ist das Gegenteil dessen, was der oder die Schenkende mit dem Geschenk beabsichtigte. Würdigen Sie das Geschenk, indem Sie innerlich dem Schenkenden für seine Geste danken, und verabschieden Sie das Geschenk aus Ihrem Raum.

Als »falsche« Geschenke bezeichne ich die Geschenke, die mit einer Absicht oder einer Bedingung verknüpft werden oder Geschenke, die der Schenkende sich selbst zuliebe macht. Der letzte Punkt kommt beim Entrümpeln ins Spiel, wenn es darum geht: Wohin mit den vielen Sachen?

Wir haben bereits in einem früheren Kapitel festgestellt, dass viele Menschen, die Schwierigkeiten mit dem Wegwerfen von Gegenständen haben, den Satz im Kopf haben: »Das ist ja noch zu gut zum Wegwerfen!« Diese gedankliche Prägung führt dazu, dass manche Menschen nur schwer zwischen wertvoll und wertlos unterscheiden können. Auch wissen wir oft nicht, was der Nachbar, die Freundin oder der Arbeitskollege als wertvoll empfindet.

Wenn Sie im Rahmen Ihrer Aufräumaktivitäten eine Verschenkkiste angelegt haben, ist nun die Frage, wie diese Gegenstände neue Liebhaber finden, also Menschen, die sich wirklich darüber freuen und die Ihre Geschenke nicht nur aus Pflichtgefühl annehmen. Wie vermeiden Sie, dass Ihre aussortierten Dinge zum Gerümpel Ihrer kleinen Schwester oder Ihrer besten Freundin werden? Zu den »falschen« Geschenken gehören auch die Geschenke, die ich anderen nur deshalb mache, um mein eigenes schlechtes Gewissen zu erleichtern und die Sachen nicht in den Müll schmeißen zu müssen.[8] Wie kann ich anderen also die aussortierten Dinge offen und ganz ohne emotionalen Druck anbieten?

Eine Möglichkeit, hier einen guten Umgang zu finden, ist eine Verschenkkiste im Eingangsbereich Ihrer Wohnung einzurichten, deren Inhalt Sie Ihren Gästen etwa mit folgenden Worten anbieten können: »Wenn dir etwas in dieser Kiste gefällt und du es haben möchtest, dann nimm es dir gerne. Ich schenke es dir.« Lassen Sie dem anderen dabei die Freiheit, selbst zu entscheiden, ob er etwas möchte und was er möchte – ganz ohne ihn zu drängen. Dinge, die nach etwa vier Wochen keinen neuen Besitzer gefunden haben, sollten dann im Müll entsorgt werden.

In manchen Städten gibt es in den großen Mehrfamilienhäusern eine Tradition, Dinge im eigenen Haus zu verschenken, indem im Treppenhaus eine Verschenkkiste eingerichtet wird. Dies ist eine wunderbare Möglichkeit, Sachen ganz frei von Zwang zu verschenken. Sie bedarf jedoch auch großer Achtsamkeit aller Beteiligten. Die Sachen sollten in einem guten Zustand sein, und die Kiste sollte regelmäßig aufgeräumt werden, damit sie nicht zu einer Mülldeponie verkommt. Sind die eigenen Gegenstände nach einem bestimmten Zeitraum nicht weg, sollten sie von dem Gebenden selbst wieder mitgenommen und entsorgt werden.

>>Eine Freundin von mir mag alles, was glitzert. Deshalb schenkt sie mir jedes Jahr etwas Glitzerndes. Glitzerschmuck oder Schals mit Silberfäden. Dabei trage ich so etwas gar nicht. Manchmal ziehe ich die Sachen nur ihr zuliebe an. Ich müsste ihr eigentlich mal sagen, dass ich mir etwas anderes wünsche.<<

Eine weitere Möglichkeit ist es, im privaten Kreis Tauschpartys zu veranstalten. Diese machen viel Freude, man lacht gemeinsam über so manche Skurrilitäten, die beim Aussortieren aufgetaucht sind, und das Loslassen fällt leichter, wenn ein lieber Mensch das gute Stück begehrt.

Darüber hinaus gibt es zahlreiche Orte und Foren, an denen man gebrauchten Gegenständen zu einem neuen Leben verhelfen kann. Einige von ihnen habe ich Ihnen im Anhang zusammengestellt.

Wenn Sie künftig vermeiden wollen, dass sich weitere ungeliebte Geschenke bei Ihnen ansammeln, dann sagen Sie Ihren Freunden, was Sie sich zum Geburtstag wünschen. Sagen Sie ihnen, was Sie gerne hätten und was nicht. Wünschen Sie sich beispielsweise Zeit statt materieller Geschenke, gemeinsame Unternehmungen anstelle einer weiteren Blumenvase.

Überprüfen Sie selbst Ihr eigenes Schenkverhalten. Fragen Sie genau nach, was dem zu Beschenkenden gefällt und was er sich wünscht. Schenken Sie selbst Ihre wertvolle Zeit für eine gemeinsame Aktivität und intensivieren Sie damit Ihre Freundschaft.

Übung: Ungeliebte Geschenke von geliebten Menschen verabschieden

Setzen Sie sich einen Moment auf Ihren Lieblingsplatz in Ihrer Wohnung und lassen Sie Ihren Blick schweifen. Gibt es in Ihrem

Blickfeld Gegenstände, die Sie von einem lieben Menschen geschenkt bekommen haben, die Ihnen selbst aber nicht gefallen?
Welche sind das? Wie viele gibt es davon?

Wählen Sie einen dieser Gegenstände aus und nehmen Sie
ihn in die Hand. Wie viel (emotionales) Gewicht ist mit diesem
Gegenstand verbunden?

Falls Sie nun Ihr Leben um dieses Gewicht erleichtern und
das Geschenk verabschieden wollen: Danken Sie innerlich dem
Schenkenden für seine freundschaftliche Geste. Oder: Falls Sie
sich – wie in der Geschichte zu Beginn des Kapitels – über das
Geschenk geärgert haben, verzeihen Sie dem Schenkenden sein
unbedachtes Geschenk. Machen Sie sich Ihre Beziehung zu dem
Schenkenden bewusst, die unabhängig von diesem Geschenk
besteht.

Sortieren Sie diesen Gegenstand dann umgehend aus, entweder in Ihre Verschenkkiste oder in den Mülleimer. Und genießen
Sie die Leerstelle und die Leichtigkeit, die durch das Weggeben
entstehen.

2. Der innere Prozess des Loslassens

Wer sich mit den Ursachen des Sammelns und Ansammelns beschäftigt, stellt fest, dass das, was sich im Äußeren in einem Zuviel an Gegenständen oder einer Enge und Unordnung in der Wohnung zeigt, auf einer tieferen Ebene im eigenen Inneren seinen Ursprung hat. In diesem Kapitel geht es um weitere innerpsychische Aspekte, die mit dem Thema des Festhaltens und Loslassens verbunden sind. An ihrer Darstellung wird deutlich, welche grundlegenden Fähigkeiten dabei helfen können, Altes loszulassen und zu entrümpeln. Menschen, die diese Fähigkeiten stärken, wird das Loslassen und Entrümpeln leichter fallen.

Sich die eigenen Ziele klarmachen

Eine Frau, die regelmäßig zum Tauschmobil kam, erzählte von ihrem Traum, wieder zu malen:»Ich habe früher ein paar Jahre lang regelmäßig gemalt und habe auch einige Bilder verkauft. Aber das ist lange her und jetzt komme ich nie so richtig dazu, ich habe nicht die nötige Muße. Und eben auch nicht den Platz, den ich bräuchte. Ich schaffe es nicht, so aufzuräumen, dass ich meiner Staffelei einen festen Platz geben könnte. Wenn ich aber jedes Mal, wenn ich Lust zum Malen habe, erst meine Sachen wegräumen und die Staffelei aufbauen muss, dann fange ich gar nicht erst an.
Ich habe in meinem Wohnzimmer sogar ein Fenster Richtung Süden, das wäre ein idealer Ort zum Malen. Aber da stehen mehrere Kisten mit Dingen, die ich sonst nirgendwo unterkriege. Und bislang habe ich es noch nicht geschafft, mir diesen Platz frei zu räumen.«

Wenn Sie mit dem Entrümpeln beginnen, ist es hilfreich, sich die eigenen Ziele klarzumachen: Warum mache ich das überhaupt und wo soll das hinführen?

Zu Beginn stelle ich in den Beratungen oft die Frage, welchen Anteil ihres gesamten Besitzes die Ratsuchenden gerne entrümpeln möchten. Viele nennen nun einen recht hohen Prozentsatz, das können schon mal 80 Prozent sein oder:»Fast alles, ich brauche das alles eigentlich gar nicht!« Bei der Frage nach dem zu entrümpelnden Anteil geht es nicht darum, irgendwann festzustellen, ob die Prozentzahl »richtig« oder »falsch« war. Vielmehr spiegelt sie das aktuelle Empfinden der Ratsuchenden und zeigt ihren intensiven Wunsch nach Entlastung. Im Laufe der Beratung stellen dann viele fest, dass eine völlig leere Wohnung, die nur noch das Nötigste enthielte, gar nicht zu ihnen passen würde. Dass sie ganz gerne viele Dinge um sich haben und sich im kreativen Chaos ganz wohl fühlen. Die Beratung ist

»Ich träume manchmal von einem großen Container, in den ich alles hineinpacke. Es ist einfach alles zu viel. Meine Möbel mag ich auch nicht mehr. Die sollten auch mit in den Container – und weg damit.«

hier eine Suche nach dem persönlich guten Maß an Ordnung und Unordnung bzw. an Leere und Fülle. Der Einzelne lotet seine individuelle Grenze aus, ab der das Chaos für ihn einen Leidensdruck erzeugt. Ab wann wird das Besitzen, Ansammeln und Festhalten zur Belastung? Wo engt der persönliche Besitz so sehr ein, dass der Einzelne sich daran gehindert fühlt, das zu tun, was er im tiefsten Inneren eigentlich tun möchte?

Aber was genau ist es, das er wirklich aus ganzem Herzen tun möchte? In der Beratung frage ich deshalb: »Wenn Sie sich nun vorstellen, Sie hätten all das entsorgt, was Ihnen zu viel ist. *Was ist dann anders?*« Mithilfe dieser Frage möchte ich die persönliche Motivation ins Bewusstsein rufen, die der Ratsuchende mit dem Entrümpeln verbindet. Diese Frage kann manchmal »geheime« Wünsche aus dem Verborgenen holen und greifbar machen.

Die meisten Menschen, denen ich in der Beratung die Frage »Was ist dann anders?« stelle, haben schnell ein oder zwei Antworten parat. Sie freuen sich beispielsweise auf die Wohnung, die nach dem Ausmisten und Aufräumen mehr Platz haben wird, und darauf, dass sie dann ihre Sachen schneller finden werden. Dann kommen sie ins Stocken. Schritt für Schritt zeigen sich meist aber noch weitere Wünsche, Szenen oder Bilder, die dem Einzelnen vorher nicht in dem Maße bewusst waren. Wünsche, die ganz andere Lebensbereiche jenseits der materiellen Ebene betreffen. Da sind Wünsche nach mehr Ruhe, nach weniger gesellschaftlichen Verpflichtungen und mehr Zeit für sich selbst. Viele Menschen wünschen sich neue, andere oder intensivere Beziehungen. Sie träumen davon, dass ihr Haus ein gastlicher und lebendiger Ort sein soll, wo sie sich mit Freunden treffen können. Sie leiden darunter, dass ihre Wohnung so voll ist mit Dingen, dass kein Platz mehr für die Menschen bleibt. Und sie schämen sich ihrer Wohnung

>Ich werde wieder Leute einladen und brauche kein Doppelleben mehr zu führen. Ich traue mich wieder, mein Zuhause und mich selbst zu zeigen. Ich muss dann nicht mehr vorspielen, wer ich gerne wäre, während ich mich im Geheimen schäme. Jetzt kennen nur ganz wenige Menschen mein Zuhause, ich lade nur meine engsten Freunde ein.«

und ihres scheinbaren Unvermögens, Ordnung zu schaffen. Diese Ratsuchenden möchten wieder unbefangen Menschen zu sich einladen können.

Wieder andere träumen davon, kreativ zu werden und brachliegende Potenziale auszuleben. Der eine wollte schon immer ein Instrument erlernen, die andere hat den Traum, Geschichten zu schreiben. Der Dritte will sich beruflich verändern. Die Vierte will malen, findet aber keine Zeit und keinen Platz in der Wohnung. Der äußere Ballast bindet sehr viel Energie und verhindert, dass Wünsche umgesetzt und Potenziale entfaltet werden. Allein die Vorstellung, sich von dem angesammelten Gerümpel zu befreien, bewirkt bei manchen Ratsuchenden ein Gefühl der Erleichterung und schafft innerlich Raum für neue Ideen.

Die Auseinandersetzung mit der Frage »Was ist dann anders?« ist im Kern die Frage nach der ganz persönlichen Lebensqualität: Wie möchte ich leben? Was macht für mich das Leben lebenswert? Was macht mir Freude? Wann oder bei was entwickle ich ungeahnte Kräfte?

Diese Fragen sind im gesamten Prozess des Entrümpelns wichtige Leitfragen, und sie werden uns auch in diesem Buch begleiten.

Auf diese Fragen gibt es keine allgemeinen Antworten, zu unterschiedlich sind unsere Vorlieben, unsere Talente und Begabungen. Jeder Mensch hat eigene Antworten auf diese Frage. Was ist für Sie Lebensqualität?

Übung: Die persönlichen Ziele erkunden

* Schritt 1: Führen Sie sich all das, was Sie als »Zuviel« empfinden vor Augen. Gehen Sie mit Ihrem inneren Auge durch Ihre Wohnung, durch sämtliche Räume, durch die Garage, falls es sie gibt, durch den Keller, Dachboden oder weitere Lagerräume. Wenn Sie das alles in der Summe anschauen und bewerten – wie groß ist Ihr »Zuviel«? Welcher Anteil von allem, was Sie besitzen, ist Ihnen zu viel? Wie viel Prozent sind das? Von wie viel möchten Sie sich gerne durch das Entrümpeln befreien?
Schreiben Sie diese Prozentzahl auf ein Blatt Papier oder in Ihr Entrümpelungstagebuch.
* Schritt 2: Wenn Sie sich nun vorstellen, Sie hätten all das entsorgt, was Ihnen zu viel ist. Sie hätten alles, was Sie als Ballast empfinden, erfolgreich aussortiert und weggegeben. *Was ist dann anders?*
Notieren Sie alles, was Ihnen dazu einfällt, auf dem Blatt Papier. Wie fühlen Sie sich? Was hat sich verändert? Was passiert mit dem gewonnenen Raum? Bleibt der Raum leer oder ist dort etwas anderes? Was genau?
Die Frage »Was ist dann anders?« ist bewusst in der Gegenwartsform gestellt. Stellen Sie sich vor, der neue Zustand wäre bereits eingetreten.
Erstellen Sie eine Liste, auf der Sie alles notieren, was nach dem Entrümpeln anders ist, und bewahren Sie diese gut auf. Sie können sie jederzeit ergänzen.

Unterscheiden lernen und Entscheidungen treffen

Eine ältere Frau, die am Tauschmobil ihre Hilfe angeboten hatte, erzählte von den weiteren Aktivitäten, die sie für das Wochenende plante:»Heute Nachmittag gehe ich für meinen Nachbarn einkaufen. Der kann ja nicht mehr richtig gehen. Dem bringe ich hin und wieder ein paar Einkäufe mit. Und morgen werde ich die zwei Kinder meiner Nichte hüten. Die sind so süß, aber manchmal auch kaum zu bändigen. Da bin ich hinterher meist ganz schön kaputt. Und eigentlich bin ich morgen Abend noch mit meiner Freundin verabredet, mal sehen, ob ich das noch schaffe. Die Treffen mit ihr sind oft etwas anstrengend und einseitig, sie klagt mir immer ihre Sorgen. Aber am Ende ändert sie doch nichts. Eigentlich würde ich ja gerne mal etwas Schönes mit ihr unternehmen, das haben wir schon ewig nicht mehr gemacht.« Auf die Rückfrage, ob sie ihr das nicht mal vorschlagen wolle, reagierte sie zunächst abwehrend:»Nein, das ist ja nicht so wichtig! Sie hat es ja auch schwer!« Dann dachte sie einen Moment nach und fuhr fort:»Aber es stimmt schon, ich habe sie lange nicht mehr gefragt, ob wir einmal etwas anderes machen könnten. Vielleicht würde sie ja doch einmal zu einem Konzert oder ins Kino mitkommen …«

Ein wesentliches Element im Prozess des Entrümpelns ist nach meinem Verständnis die Erkundung der eigenen Bedürfnisse. Wer seine Bedürfnisse und Wünsche, seine Werte und Vorlieben, seine Gefühle und inneren Widersprüche besser kennt, kann zumeist leichter unterscheiden, was ihm wichtig ist und was nicht. Diese innere Klarheit hilft dabei, Entscheidungen zu treffen und ein erfüllteres Leben zu führen.

Beim Entrümpeln der Wohnung ist die zentrale Leitfrage: Was gehört heute zu meinem Leben? Was macht mich jetzt glücklich? Und dann gilt es zu unterscheiden, was vergangen ist, welche Interessen sich verändert haben und was im eigenen Leben in den Hintergrund gerückt ist. Wer entrümpelt, hält inne und bewertet neu. Er trifft Unterscheidungen und verleiht dem eigenen Leben ein deutlicheres Profil – ein Profil, das sich im Laufe eines Lebens verändert. Wer entrümpelt, arbeitet aus der großen (und möglicherweise unüberschaubaren) Masse seines Besitzes eine Struktur heraus, ein Muster, das dem eigenen Wesen, den eigenen Bedürfnissen entspricht: So bin ich heute. Das alles ist mir jetzt wichtig.

Die eigenen Bedürfnisse zu kennen, ist auch in freundschaftlichen Beziehungen grundlegend für ein erfülltes Leben. Ich habe allerdings die Erfahrung gemacht, dass manche Menschen, die unter ihren Ansammlungen leiden, die Bedürfnisse anderer Menschen besser kennen als ihre eigenen. Sie haben gelernt, sich um andere zu kümmern, und scheuen sich, mit derselben kraftvollen Energie ihre eigenen Wünsche umzusetzen. Vielleicht genießen sie sogar das Gefühl, gebraucht zu werden. Langfristig macht diese Einseitigkeit jedoch oftmals unzufrieden und baut einen inneren Druck auf, der nur schwer greifbar ist. Vielleicht stellt sich das Gefühl ein, irgendwie »zu kurz zu kommen«. Tatsächlich hält man sich jedoch selbst »an der kurzen Leine«.

Dem anderen zuliebe etwas zu tun, ist selbstverständlich auch ein wichtiger Bestandteil einer freundschaftlichen oder partnerschaftlichen Beziehung. Dort, wo jeder einmal etwas dem anderen zuliebe tut, kann sich ein lebendiges gegenseitiges Geben und Nehmen entwickeln. Problematisch kann es dann werden, wenn es einseitig, unbewusst, gewohnheitsmäßig, beinahe automatisch getan wird, ohne dass die eigenen Bedürfnisse überhaupt wahrgenommen werden. Im schlimmsten Fall ärgere ich mich über die Dominanz des anderen und merke gar nicht, dass ich mich selbst stillschweigend angepasst habe.

Wie also können die eigenen Bedürfnisse wahrgenommen und geäußert werden? Wenn eine Freundin spontan vorschlägt: »Lass uns ein Eis essen gehen«, dann wäre eine Möglichkeit, nicht sofort zu antworten, sondern kurz innezuhalten und zu überlegen: »Möchte ich das auch? Oder wozu habe ich jetzt gerade Lust?« Freunde werden es verstehen, wenn Ihnen gerade nicht nach Eisessen zumute ist. Sie könnten eine alternative Aktivität vorschlagen.

»Ich merke oft erst zu spät, dass ich mich habe zu etwas überreden lassen, was ich gar nicht möchte. Dann traue ich mich nicht mehr, es zu sagen. Man möchte dem anderen ja keine Umstände verursachen.«

Verwenden Sie hierbei eine klare Kommunikation, mit der Sie dem anderen Ihre Bedürfnisse und Motivationen zeigen.[9] Anstelle von unklaren Formulierungen wie z. B.: »Wollen wir nicht lieber zu

Mittag essen?«, könnten Sie sagen: »Ich möchte kein Eis, da ich Hunger habe und lieber zu Mittag essen würde.« Dann könnten Sie zusammen überlegen, wie Sie beide Bedürfnisse gleichzeitig befriedigen könnten oder ob einer von beiden bereit wäre, dem anderen zuliebe die Befriedigung seines Bedürfnisses aufzuschieben.

Sie könnten auch vor einem Telefonat, mit dem Sie sich zu einem Treffen verabreden wollen, kurz überlegen, was Sie mit diesem Menschen gerne unternehmen würden. Üben Sie sich darin, klare Wünsche zu äußern und geben Sie dem anderen damit die Chance, Sie besser kennenzulernen: »Ich möchte gerne …«, oder: »Ich hätte große Lust zu …«

Ein weiterer wesentlicher Faktor beim Entrümpeln ist die Fähigkeit, in ganz alltäglichen Situationen Prioritäten zu setzen und sich zu entscheiden. Die Entscheidung *für* etwas beinhaltet immer auch die Entscheidung *gegen* etwas anderes. Manche Menschen sagen von sich, sie hätten Schwierigkeiten, Entscheidungen zu treffen. Sie übersehen dabei, dass sie sich dennoch in jedem Augenblick ihres Lebens entscheiden. Ihre Entscheidungen sind ihnen nur nicht bewusst. Sie entscheiden sich beispielsweise, passiv zu bleiben. Dadurch zwingen sie unter Umständen andere, aktiv zu werden und Entscheidungen für sie zu treffen. Dies birgt allerdings die Gefahr in sich, dem anderen dann die Schuld für die eigene Unzufriedenheit zu geben. Die Verantwortung liegt jedoch bei jedem Einzelnen selbst. Man kann sich nun einmal nicht *nicht* entscheiden. Reinhard K. Sprenger schreibt in seinem Buch *Das Prinzip Selbstverantwortung*: »Die Verantwortung für alles, was Sie tun oder lassen, beginnt bei Ihnen – und sie endet bei Ihnen.«[10] Dieses Prinzip der Selbstverantwortung betrifft sämtliche Bereiche unseres Lebens. Sprenger beschreibt das in seinen Büchern sehr anschaulich: Jede Entscheidung, die wir treffen, ist immer mit einem Preis verbunden. Und so wägen wir –

»Wenn meine Frau und ich unseren Urlaub planen und zu viele Ideen zur Auswahl stehen, fühle ich mich oft wie gelähmt und verliere den Überblick. Dann bin ich froh, wenn sie die Entscheidung in die Hand nimmt. Aber manchmal ärgere ich mich hinterher, weil ich lieber etwas anderes gemacht hätte.«

bewusst oder unbewusst – permanent ab, welchen Preis wir wofür zu zahlen bereit sind.

Menschen, die unter ihren Ansammlungen leiden, entscheiden sich jeden Tag neu, ob sie ihren Leidensdruck weiter erdulden wollen, um nichts verändern zu müssen. Wer zu entrümpeln beginnt, entscheidet sich, dass für ihn der Preis des Ansammelns zu hoch geworden ist und dass er stattdessen nun die nötige Energie in die Veränderung investiert.

Was sich hier so einfach und klar beschreiben lässt, ist in Wirklichkeit ein längerer Lernprozess, der seine Zeit braucht. Kaum jemand wird mit einem großen Paukenschlag die einmalige Entscheidung treffen »Jetzt wird alles anders!« und dann sein Leben auf den Kopf stellen. Es sind eher viele kleine Entscheidungen in ganz alltäglichen Situationen. Es geht darum, sich dieser Entscheidungsmöglichkeit bewusst zu werden und in alltäglichen Situationen zu versuchen, mal etwas anders zu machen, damit zu experimentieren und sich dabei zu beobachten. In vielen kleinen Schritten wird die Veränderung dann allmählich Spuren hinterlassen und sichtbar werden – in Ihrer Wohnung, im Umgang mit Ihrer Zeit, in Ihren Beziehungen und Ihren alltäglichen Gewohnheiten.

Übung: Die eigenen Bedürfnisse erkunden

Wie aktiv sind Sie in Ihren Freundschaften? Wenn Sie sich mit einem Freund oder einer Freundin treffen: Wie viel Zeit nehmen Sie sich, vorher zu überlegen, was Sie mit diesem Menschen unternehmen wollen? Wer von Ihnen beiden ergreift eher die Initiative, wer macht wie häufig Vorschläge für Aktivitäten oder Treffpunkte?

Sollten Sie bislang die Initiative eher Ihren Freunden überlassen haben, könnten Sie nun einen Moment innehalten: Schreiben Sie die Namen Ihrer engsten Freunde und Freundinnen untereinander auf. Notieren Sie hinter jedem Namen alle Aktivitäten, die Sie mit diesem Menschen gerne unternehmen würden und alles, worauf und worüber Sie sich bei diesem Menschen freuen. Was wollten Sie mit diesem Menschen schon immer mal tun? Was verbindet Sie beide?

Am Ende werden Sie gewiss die eine oder andere Unternehmung in Ihrer Liste finden, die Sie dem betreffenden Menschen beim nächsten Mal vorschlagen können.

Akzeptanz von Veränderung

Eine Frau brachte einen bunten, leicht ausgeblichenen Wandbehang mit auffälligem Muster zum Tauschmobil. »Meine Eltern sind früher oft nach Indien gereist, vor der Geburt von mir und meinen Geschwistern. Später haben sie ein Geschäft mit indischen Sachen, mit Möbeln, Tüchern und verschiedensten Accessoires gehabt. Unsere ganze Wohnung war indisch eingerichtet. Das war damals in unserer Kleinstadt sehr exotisch. Bei anderen stand meist die Schrankwand in Eiche im Wohnzimmer, und bei uns gab es viele bunte Kissen und Tücher. Mit meinen Schulfreundinnen habe ich mich oft verkleidet, und dann haben wir gespielt, dass wir in einem indischen Dorf leben würden. Wir haben uns irgendwelche verrückten Geschichten ausgedacht, das war sehr lustig. Und an meinem Geburtstag gab es indisches Essen. Das schmeckte sehr ungewohnt, aber alle fanden es toll.
Ich habe bis heute noch einige Sachen aus dieser Zeit in meinen Schränken. Aber mein Geschmack hat sich verändert. Die Liebe zu Farben ist mir aus dieser Zeit geblieben, aber heute mag ich es schlichter, weniger gemustert, und ich habe weniger Krimskrams herumstehen. Jetzt habe ich beschlossen, einiges von den alten Sachen auszusortieren und zu verschenken, so dass ich endlich wieder Luft in meinen Schränken bekomme. Ich denke, ich werde mir nur noch ein paar kleine Erinnerungsstücke aussuchen und aufbewahren.«

Veränderungen im Leben passieren in unterschiedlichen Geschwindigkeiten und mit sehr unterschiedlichem Ausmaß. Wenden wir uns zunächst den großen Umbrüchen und eindrücklichen Entwicklungsschritten des Lebens zu. Das können schulische oder berufliche Übergänge und Weichenstellungen sein, Karrierebrüche, der Beginn einer Partnerschaft oder eine Trennung; das können einschneidende Krankheiten sein, bei der Person selbst oder bei ihr nahestehenden Menschen, oder auch der Tod eines wichtigen Menschen.

Manche der Veränderungen und Umbrüche sind erwünscht, selbst gewählt und gezielt herbeigeführt, viele jedoch treten unerwartet ein, sind unerwünscht und unausweichlich. »Das Schicksal hat ihn schwer getroffen«, hört man dann, oder: »Es war ein schwerer Schlag für sie.« Sätze wie diese zeigen, dass diese unerwünschten Umbrüche oftmals als sehr gewaltvoll erlebt werden und der Einzelne sich ihnen gegenüber machtlos ausgeliefert fühlt.

Unabhängig davon, wie eine Veränderung äußerlich aussieht, bewertet jeder Mensch eine solche Veränderung unterschiedlich, auch wenn es dieselbe Situation zu sein scheint. Dies ist abhängig von seinem Wesen, den persönlichen Erfahrungen und Bewertungsmustern, die er sich im Laufe seines Lebens angeeignet hat, sowie vom zufälligen Zusammentreffen bestimmter äußerer und innerer Faktoren.

Es gibt Menschen, die Veränderungen grundsätzlich eher als Herausforderung sehen, als Anlass, an dem sie wachsen können. In krisenhaften Situationen sammeln sie ihre geballte Energie und stellen sich dem Problem oder der neuen Situation. Wenngleich sie die Ausgangssituation nicht ändern können, nehmen sie Einfluss auf den Verlauf, werden aktiv und nutzen alle Spielräume, um die Situation bestmöglich zu bewältigen. Anderen machen unerwünschte Veränderungen vor allem Angst. Sie fürchten, den Anforderungen des Lebens nicht gewachsen zu sein. Dies kann dazu führen, dass sie Veränderungen möglichst vermeiden oder, wenn sie ungefragt hereinstürzen, die Augen vor ihnen verschließen und hoffen, dass jemand anderes sich darum kümmern wird. Bei einem solchen Vermeidungsverhalten bleibt der Einzelne in der Ohnmacht. Er gibt die Verantwortung ab und

»Am liebsten hätte ich, dass alles so bleibt, wie es ist. Ich mag es nicht, wenn ich mich umstellen muss, ich finde das so anstrengend. Auch wenn manches schwierig ist in meinem Leben, aber ich weiß wenigstens, woran ich bin. Mein Chaos ist mir vertraut.«

fühlt sich selbst als Opfer des Schicksals oder abhängig von den anderen, die es für ihn richten sollten. Wieder andere Menschen neigen dazu, sich grundsätzlich nicht zu sehr an erreichte Lebenssituationen oder Menschen zu binden und möglichen unerwünschten Veränderungen immer einen Schritt voraus zu sein. Eine Krise in der Partnerschaft bahnt sich an – also wird die Trennung eingeleitet, man hat sich halt auseinandergelebt und zu unterschiedlich entwickelt. Konflikte am Arbeitsplatz? Es war sowieso Zeit, sich beruflich weiterzuentwickeln und endlich einen besseren Job zu suchen. Das Neue wird womöglich per se als besser, innovativer bewertet, das Alte schnell abgewertet. Doch dadurch läuft man Gefahr, Beziehungen nur oberflächlich zu leben und der Auseinandersetzung mit sich selbst und mit anderen aus dem Weg zu gehen.

Demgegenüber gibt es Menschen, die sich ganz intensiv auf Themen, Aufgaben oder Beziehungen einlassen, die sie pflegen und zu bewahren versuchen. Eine hohe Identifikation mit dem selbst gewählten Themenbereich und ein hohes Engagement zeichnen diese Menschen oftmals aus. Im Extremfall besteht jedoch die Gefahr, dass sie den Blick für andere Möglichkeiten und Perspektiven verlieren, dass sie glauben, die Wahrheit zu kennen, und ihre ganze Identität aus ihren Bezugspunkten und Lebensanschauungen schöpfen. Eine Krise, z. B. durch den Entzug einer als lebenswichtig empfundenen Aufgabe, durch einen selbst verursachten Fehler oder durch einen Beziehungsabbruch, kann dann zur persönlichen Katastrophe führen.

Das sind nur ein paar exemplarische Beschreibungen, die die Bandbreite und den unterschiedlichen persönlichen Umgang mit Veränderungen zeigen. Daneben und dazwischen gibt es noch unendlich viele Formen. Manchmal reagiert ein Mensch in der einen Situation auf die eine Art, in einer anderen jedoch völlig anders.

Veränderungsprozesse im Leben bestehen aber nicht nur aus diesen einschneidenden Veränderungen. Jeder Moment des Lebens beinhaltet Veränderung. In keiner Sekunde unseres Lebens sind wir noch dieselbe bzw. derselbe wie vorher. Jeder Moment fügt eine neue Erfahrung, einen neuen Gedanken, ein neues Gefühl zur bisherigen Lebenserfahrung, zum eigenen Leben hinzu. Einen großen

Teil dessen bezeichnen wir dennoch als »Kontinuität«, »Alltag« oder »Routine«. Viele kontinuierliche Veränderungsprozesse werden vom Menschen also nicht als solche wahrgenommen. Wie verändert sich beispielsweise die eigene Persönlichkeit im Laufe des Lebens? Wie viel ist von dem Kind, dem Berufseinsteiger, dem frisch Verliebten noch in mir? Welchen Anteil nimmt der Weltenbummler der eigenen Jugend heute noch in meinem Innersten ein, welchen Anteil der fürsorgliche Familienvater oder die loyale Mitarbeiterin? Die Anteile in uns verändern sich, erweitern sich, werden vielfältiger und werden immer wieder durch uns selbst neu bewertet. Diese Prozesse laufen zumeist unbemerkt ab – bis wir irgendwann innehalten und zurückschauen. Im Nachhinein bemerken wir die Veränderungen, die unser Lebensweg und unsere Entscheidungen in unserer Persönlichkeit hinterlassen haben.

Viele Menschen, die zum Ansammeln neigen, wollen in den gesammelten Gegenständen oder Beziehungen ihre gesamte Vergangenheit festhalten. Alles, was jemals wichtig war, wird symbolisch in Form von Fotos, Wohnaccessoires, Kleidungsstücken, Datensammlungen, überbordenden Bücherregalen, vollen, unübersichtlichen Adressbüchern oder anderen Erinnerungsstücken aufbewahrt. Ich bin, was ich gesammelt habe. Möglicherweise habe ich das Gefühl, dass in der Summe meiner gesammelten Schätze meine Identität sichtbar würde, ja vielleicht sogar, dass ich selbst die Summe meiner Ansammlungen sei. Dabei merken wir nicht, dass wir viel mehr sind als die Summe unserer Geschichte. Dass sich in unserem Inneren ein Wandel vollzogen hat, der unsere Lebenserfahrungen gespeichert, verarbeitet und integriert hat. Dass wir schon viel weiter sind, als uns bewusst ist.

»Ich habe viel zu viel angesammelt, aber ich kann mich nur schwer von den Dingen trennen. Alles hat ja eine Geschichte. Vielleicht sollte ich bei jedem Gegenstand, den ich weggebe, vorher dessen Geschichte aufschreiben, damit ich mich besser von den Sachen lösen kann.«

Zu entrümpeln bedeutet, Ja zu sagen zum eigenen Wandel, die eigene Veränderung wahrzunehmen und sich mit dem Fluss des Lebens auszusöhnen. Es bedeutet, noch einmal auf die verschiedenen Etappen und die Vielfalt des eigenen Lebens zurückzuschauen und sie zu würdigen – um dann den Blick wieder auf das Hier und Jetzt zu richten. Entrümpeln heißt, mich über die zahlreichen schönen Begegnungen und Erfahrungen in meiner Vergangenheit zu freuen – und darauf zu vertrauen, dass mein Innerstes das Wesentliche dieser Erfahrungen gespeichert hat. Es ist alles in unserem Inneren.

Wenn die Masse der gesammelten Erinnerungsstücke zum Ballast in der Gegenwart wird, verkehrt sich die positive Erfahrung der Vergangenheit im Hier und Jetzt in ihr Gegenteil. Wer alles Vergangene festhält und ansammelt, hat immer weniger Platz für das Sein in der Gegenwart und für all die Möglichkeiten, die das Leben noch mit sich bringt. Im Extremfall wird alles Neue als Stress erlebt, weil der Speicher voll ist. Wegen Überfüllung geschlossen. Das Entrümpeln ermöglicht die Würdigung der eigenen Geschichte, ohne sie im Äußeren, in ihren unzähligen Details festhalten zu müssen. Wer entrümpelt, akzeptiert, dass das Leben Veränderung bedeutet, und gestaltet sie aktiv mit.

Zu entrümpeln kann auch bedeuten, emotionalen Ballast, Ärger und alten Schmerz loszulassen. Diese haben uns in der Vergangenheit viel Energie gekostet. Vielleicht ist das der Grund dafür, dass wir die Erinnerung daran immer wieder lebendig halten. Jedes Erinnern kostet uns jedoch Energie im Heute, ohne dass wir an der Vergangenheit noch etwas ändern könnten. Entrümpeln kann hier bedeuten, sich mit der schmerzhaften Vergangenheit auszusöhnen, sie ein letztes Mal zu würdigen und sie dann ruhen und alte Wunden heilen zu lassen. Durch das Entrümpeln richte ich meinen Blick und meine Energie nach vorne auf mein Leben im Hier und Jetzt.

Übung: Veränderung wahrnehmen und gestalten
Welche Veränderungen haben Sie in Ihrem Leben erfahren? Welche haben Sie gut bewältigt? Welche sind Ihnen schwergefallen? Welche Veränderungssituationen haben Sie noch nicht bewältigt und noch nicht in Ihr Leben integriert?

Halten Sie einen Moment inne und machen Sie sich Notizen in Ihr Entrümpelungstagebuch. Nehmen Sie sich dann Zeit für folgende Fragen:

- Wer oder was hat Ihnen in der Vergangenheit geholfen, mit Veränderungsanforderungen umzugehen?
- Welche Ihrer Fähigkeiten waren dabei hilfreich?
- Welche Menschen standen Ihnen zur Seite?

Sollte es in Ihrem Leben eine Veränderungssituation geben, die Sie noch nicht bewältigt haben, dann überlegen Sie dazu:

- Welche Ihrer Fähigkeiten könnte Ihnen helfen, um mit der Veränderung klarzukommen?
- Was könnte ein nächster konkreter Schritt sein?
- Wen könnten Sie dabei um Hilfe bitten?

Den eigenen Mut erkennen und Zutrauen in sich finden

Ein Mann in den Vierzigern brachte einen Anzug zum Tauschmobil, der sehr teuer aussah. Er erzählte dazu:»Ich habe noch ein paar schicke Anzüge und Hemden zu Hause, alles gute Marken. Ich habe früher im Management gearbeitet, an vorderster Front. Da musste man schon sehr gut angezogen sein. Kleider machen Leute, wie man so sagt. Ich habe das auch irgendwie selbst gebraucht, um meine Position zu festigen. Irgendwann war mir in diesem Job aber alles zu viel, zu viel Stress. Ich habe dann vor ein paar Jahren meinen Job gewechselt. Seitdem kann ich mich etwas legerer kleiden.

Diese Anzüge habe ich bis jetzt aufbewahrt, obwohl ich sie schon lange nicht mehr trage und sie mir auch, ehrlich gesagt, zu eng geworden sind. Aber das gab mir ein Gefühl von Sicherheit. Ich könnte ja vielleicht doch wieder ins Management zurück. Oder ich könnte die Anzüge noch verkaufen, die haben ja mal sehr viel Geld gekostet. Aber mir geht es gut in meiner jetzigen Arbeitsstelle, und irgendwann ist mir klar geworden, dass ich diese Anzüge wirklich nicht mehr brauchen werde. Deshalb habe ich mich endlich dazu entschlossen, sie wegzugeben. Das hier ist der erste. Vielleicht bringe ich Ihnen bald noch mehr davon.«

Wer mit dem Entrümpeln beginnt, ist mutig. Jede Veränderung, die wir in unserem Leben angehen, erfordert Mut. Wir verlassen das Vertraute, gehen neue Wege und stellen uns neuen Herausforderungen. Wir durchbrechen alte Gewohnheitsmuster und müssen uns neue Alternativen erarbeiten. Auch wenn wir unter einer Situation leiden, so ist sie uns dennoch vertraut, und vielleicht haben wir uns mit unserem Leid auch ganz gut eingerichtet. Wir kennen den Preis, den uns das Horten und Sammeln kostet, ganz genau. Wir kennen aber nicht den Preis, den die Veränderung uns abverlangen wird.

Wenn wir uns in den Prozess des inneren und äußeren Entrümpelns begeben, dann lernen wir womöglich Seiten an uns kennen, die wir bisher vor uns selbst verborgen haben. Das kann

»Es braucht Mut, die bestehende Ordnung durcheinanderzubringen.«

manchmal für einen Moment schmerzhaft sein, bis wir dann erleben, dass uns diese neu entdeckte Seite auch neue Wege eröffnet. Das Entrümpeln ist wie eine Entdeckungsreise, ein mutiges Abenteuer.

Es ist mutig, das Sammeln und Horten aufzugeben, das bisher Sicherheit gegeben hat. Es ist mutig, sich neuen Raum zu schaffen, den es nun zu gestalten gilt. Es ist mutig, einer Freundin zu sagen, dass einem etwas zu viel wird, wenn man bisher immer geholfen hat. Es ist mutig, den Telefonhörer nicht zur Hand zu nehmen und den gewohnten Pflichtanruf nicht mehr zu tun. Es ist mutig, zu sich zu stehen, vor sich selbst und vor anderen.

Beim Entrümpeln von Gegenständen ist es zudem so, dass Sie bei jedem Stück, das Sie weggeben, ein kleines Risiko eingehen. Sie könnten es ja doch noch mal brauchen! Stellen Sie sich vor, Sie räumen Ihren Keller aus und entrümpeln großzügig. Sie genießen den Moment, in dem Sie ein Auto voller Sachen zum Sperrmüll bringen und den Moment, in dem Sie die verbliebenen Sachen in die Regale räumen. Sie freuen sich: Da ist sogar noch ein bisschen Platz im Regal. Und drei Wochen später geht Ihnen eine Holzleiste am Küchenstuhl kaputt und es fällt Ihnen ein, dass Sie ein Holzstück in genau dieser Größe bei der Entrümpelungsaktion entsorgt haben. Hätten Sie es nicht weggegeben, könnten Sie jetzt sofort diesen Stuhl reparieren.

Ja, das oder so etwas Ähnliches kann Ihnen passieren. Genau dieses Risiko gehen Sie ein. Auch deswegen ist es mutig zu entrümpeln. Stellen Sie sich darauf ein, dass so etwas passieren kann, dann trifft es Sie nicht so unvermittelt. Ein Risiko, das wir kennen, verliert innerlich an Größe und Intensität. Machen Sie sich klar, dass die meisten Dinge, die Sie aufgehoben haben, weil Sie sie vielleicht irgendwann mal wieder brauchen könnten, recht leicht und zumeist auch kostengünstig wieder zu besorgen sind. Auch hier ist eine Abwägung der Konsequenzen hilfreich: Behalte ich vorsorglich hundert Dinge, weil mir bei einem dieser Dinge später eine Verwendung einfallen könnte, oder entsorge ich die hundert Dinge und schaffe mir großzügig Platz verbunden mit dem Risiko, eine Sache später tatsächlich zu vermissen und neu kaufen zu müssen? Vielleicht passiert es Ihnen auch, dass Sie in einem Moment von Überschwang etwas entrümpeln, das einen besonderen Erinnerungswert für Sie hat und sich *nicht* wieder besorgen lässt. Auch das kann passieren, und Sie wären dann gezwungen, sich damit zu arrangieren, sich mit dem Verlust auszusöhnen und sich gedanklich und emotional von dem Erinnerungsstück zu verabschieden. Die Erinnerung selbst aber bleibt. Wo in Ihrem Herzen haben Sie sie gespeichert?

Wer entrümpelt, ist mutig, denn er beschreitet einen Weg, dessen Wendungen er noch nicht kennt. Er begibt sich in Situationen, deren Verlauf er nicht genau vorhersehen kann. Er gibt Sicherheiten auf, ohne das Neue genau zu kennen. Aber der Mut wird belohnt. Wer entrümpelt, gewinnt eine neue Leichtigkeit, mehr äußeren wie auch inneren Raum und neue Lebensenergie.

»Da ist auch Zukunftsangst. Wie kann ich es einrichten, dass mein Leben gut für mich ist?«

Übung: Dem Risiko ins Auge sehen

Machen Sie sich Ihre Befürchtungen bewusst:
- Was könnten Sie später womöglich vermissen, wenn Sie es jetzt weggeben würden?
- Was genau würde passieren?
- Wie würden Sie sich fühlen?
- Wie groß wäre der Schaden wirklich?

Überlegen Sie in einem zweiten Schritt, was Sie in so einem Fall dann tun könnten:
- Welche Dinge könnten Sie sich wo und mit welchem (praktischen und finanziellen) Aufwand neu besorgen?
- Wer könnte Ihnen mit was aushelfen?
- Worin könnten Sie Trost finden, wenn etwas unwiederbringlich weg wäre?
- Wo in Ihrem Innersten sind all Ihre Erfahrungen gespeichert?

Abschied nehmen

Eine Frau besuchte das Tauschmobil hin und wieder zusammen mit ihrer Enkeltochter. Manchmal hatte sie eine kleine Vase, ein gesticktes Deckchen oder ein Kleidungsstück zum Verschenken dabei. Im Gespräch erzählte sie: »Ich habe eigentlich noch viel mehr Sachen, die ich nicht mehr brauche und die ich Ihnen bringen könnte. Aber es fällt mir so schwer, etwas wegzugeben. An jedem Stück hängen Erinnerungen. Zum Beispiel meine Bücher, die sind wie ein Teil von mir. Ich kann kein Buch weggeben. Das wäre, als ob ich etwas von mir selbst weggeben würde. Ich habe auch viele schöne Sachen, die ich im Laufe meines Lebens von lieben Menschen geschenkt bekommen habe und für die ich eigentlich gar keinen Platz mehr habe: unzählige Vasen, wunderhübsche Porzellanfiguren und Zuckerdöschen. Allein jedoch der Gedanke daran, diese wegzugeben, fühlt sich an, als ob ich die Person verlieren würde, an die mich die Dinge erinnern. Aber das Abschiednehmen fiel mir schon immer sehr schwer. Wenn mein Herz mal an etwas oder an jemandem hängt, dann für immer. Ich kann mich ganz schlecht trennen. Ich war in meinem Leben schon ein paarmal dazu gezwungen worden, Abschied zu nehmen, das war das immer sehr schmerzhaft für mich.«

Der äußere und innere Prozess des Loslassens ist immer auch mit einem Abschied verbunden. Unser ganzes Leben besteht aus kleinen und großen Abschieden, manchmal auf Zeit, manchmal für immer. Katharina Ley schreibt:»Beenden fängt bei der Geburt an – der Abschied vom Mutterleib – und es geht so weiter bis zum Tod. Immer wieder gilt es Abschied zu nehmen, zu beenden, zu trauern – und die Trauer langsam, aber sicher und im versöhnlichen Sinn wieder loszulassen, um etwas Neues zu beginnen.«[11]

Für manche Abschiede entscheiden wir uns bewusst und ergreifen selbst die Initiative, wenn uns das Neue eine Verbesserung verspricht, so z. B. die Trennung aus einer belastenden Beziehung, ein Wechsel der Arbeitsstelle oder ein Wohnungswechsel. Viele Abschiede passieren aber ohne unser Zutun, ohne unser Einverständnis oder sogar gegen unseren Willen: die Trennung vom Partner, wenn sie von diesem ausgeht, eine Freundin, die wegzieht, ein nahestehender Mensch, der stirbt, der unfreiwillige Verlust des Arbeitsplatzes oder auch nur der verlorene Geldbeutel. Abschied nehmen müssen wir manchmal aber auch von unseren Ideen, Wünschen, Träumen und Lebensentwürfen, wenn wir feststellen, dass wir sie nicht realisieren konnten und keine Möglichkeit mehr sehen, sie noch umzusetzen.

Wilhelm Schmid schreibt von der »Unausweichlichkeit, die Menschen bewusst wird, wenn eine Wirklichkeit endgültig besiegelt ist und keine Möglichkeit mehr offensteht.«[12] Es ist diese Unausweichlichkeit, die uns mit unseren tiefsten Ängsten und Emotionen konfrontiert, die uns wütend macht oder uns verzweifeln lässt. Der Prozess des Abschiednehmens und des Trauerns ist eine emotio-

»Ich habe Angst, dass ich zu viel wegschmeiße. Einmal habe ich eine Haarspange aus Holz weggegeben, die mir meine Mutter aus Mexiko mitgebracht hatte. Später habe ich es bereut und denke nun immer wieder an sie. Deshalb kostet es mich jedes Mal Überwindung, etwas loszulassen und wegzugeben.«

nale Auseinandersetzung mit dieser Unausweichlichkeit, diesem nicht wieder gutzumachenden Verlust und den damit verbundenen Gefühlen. Es ist die Suche nach einer neuen, tragfähigen Lebensvorstellung oder Perspektive jenseits des Verlustes, die Suche nach einer neuen emotionalen Balance.

Die Phasen des Trauerns und der emotionalen Verarbeitung eines Verlustes sind deshalb wesentlich für das eigene weitere Leben. Der individuelle Umgang mit dem Verlust prägt die eigene Haltung zum Leben. Wer die Trauer durchlebt und Trost gefunden hat, wer schrittweise gelernt hat, sich mit dem Verlust auszusöhnen und ihn schließlich zu akzeptieren, geht gestärkt und mit neuer Lebensenergie aus der Krise hervor. Er hat die Erfahrung gemacht, dass er Krisen bewältigen kann. Er kann seinen Blick nach vorne richten und neue Lebensperspektiven angehen.

Menschen, die am Verlust festhalten, denen die Aussöhnung mit dem Verlust schwerfällt und die keinen Trost finden, bleiben wie mit einem unsichtbaren Band mit dem Verlust verbunden. Dieses unsichtbare Band bindet Lebensenergie. Es verhindert, zurück in ein unbeschwertes Leben zu finden. Manchmal wird dieses unsichtbare Band durch Schuldgefühle zusätzlich verstärkt. Diese Schuldgefühle können entstehen, wenn sich Menschen (oft unbewusst) eine Mitschuld am Verlust geben, wenn sie z. B. bei sich eine Schuld am Tod des Partners sehen. Manchmal handelt es sich um ein unbestimmtes Schuldgefühl allein aufgrund der Tatsache, dass man selbst noch am Leben ist, während der andere sterben musste. Diese Schuldgefühle aufzuarbeiten und aufzulösen kann helfen, das unsichtbare Band allmählich zu lösen und den Verlust zu verarbeiten. Hierbei kann professionelle Hilfe in Form von Beratung, Therapie oder Seelsorge hilfreich sein.

Das Thema Abschied wird auch davon beeinflusst, wie Menschen mit Schmerz umgehen. Dabei gibt es große Unterschiede, Unterschiede im Schmerzempfinden (was genau wir als Schmerz empfinden und wie intensiv wir einen Schmerz fühlen), Unterschiede im emotionalen Erleben im Zusammenhang mit Schmerz und Unterschiede in den konkreten Handlungen, die auf den Schmerz folgen: Bei körperlichem Schmerz geht der eine zum Hausarzt, der andere zum Heilpraktiker, der Dritte unternimmt nichts und hofft, dass der Schmerz von allein wieder aufhören möge. Bei seelischem Schmerz holt sich der eine emotionale Unterstützung bei der Familie, der andere bei Freunden, der Nächste geht zu einer Psychotherapeutin und der Übernächste versucht, allein damit klarzukommen und zieht sich aus seinen sozialen Netzen zurück.

Auf der neurologischen Ebene prägen uns unsere schmerzhaften Erfahrungen stärker als unsere positiven Erfahrungen, sie werden in unserem Gehirn deutlich stärker vernetzt. Insbesondere wenn die Gefühle in dem Moment, in dem sie erlebt wurden, nicht zugelassen und durchlebt werden konnten, tragen manche Menschen ihren Schmerz lange, über Jahre oder sogar Jahrzehnte, in sich. Gefühle, die zu einer früheren Zeit nicht gefühlt wurden, können durch neue Erfahrungen immer wieder angerührt und aufgewühlt werden. Dies gilt gerade auch für schmerzliche Gefühle. Unser emotionales Erleben kann dabei nicht unterscheiden, dass dieser Schmerz schon ganz alt ist, er wird immer wieder als neu und frisch erlebt, und den Auslöser für diesen Schmerz halten wir für den Grund unseres Schmerzes.[13]

Wer die eigene Geschichte mit all ihren Höhen und Tiefen und dem, was nicht mehr zu ändern ist, zu akzeptieren vermag, dem gelingt es zumeist besser, alten Schmerz loszulassen. Dadurch wird das Leben wieder leichter.

Das innere und äußere Entrümpeln besteht aus vielen kleineren und größeren Abschieden. Wer damit beginnt, seine Wohnung zu entrümpeln, alte Gewohnheiten zu überprüfen und loszulassen, Aktivitäten zu reduzieren, um mehr Ruhe zu finden, oder eine belastende Beziehung zu beenden, nimmt Abschied. Wenn ich an einer früheren Stelle geschrieben habe, Entrümpeln kann gelernt werden, so ergänze ich nun:

»In drei Monaten ziehe ich nach Süddeutschland. Da muss ich vorher noch eine Menge loswerden. Diese Vase hier habe ich z. B. auf meinem Lieblingsflohmarkt erstanden. Ich bin froh, dass ich hier zum Tauschmobil kommen und ein bisschen von den Sachen erzählen kann – da fällt mir der Abschied, auch von Berlin, ein wenig leichter.«

Auch das Abschiednehmen kann gelernt werden. Beide Prozesse

gehen dabei Hand in Hand, der eine auf einer sichtbaren, der andere auf einer unsichtbaren Ebene, und beide Ebenen unterstützen sich gegenseitig.

Meine Empfehlung für das Entrümpeln von Gegenständen ist: Gehen Sie bei den Dingen, die Ihnen leichter fallen, großzügig vor. Nutzen Sie Ihre ganze Energie und schreiten Sie kraftvoll zur Tat. Verschaffen Sie sich überall, wo es Ihnen möglich ist, großzügig Platz. Genießen Sie es, wie die ungenutzten Dinge verschwinden und die Dinge, die Sie lieben und die Teil Ihres jetzigen Lebens sind, einen guten Platz bekommen. Freuen Sie sich an der Ordnung, die Sie Schritt für Schritt schaffen, und an den neuen Gestaltungsmöglichkeiten, die Ihnen nun zur Verfügung stehen.

Bei den Dingen, an denen Sie emotional sehr hängen, nehmen Sie sich einen Moment länger Zeit, sich zu verabschieden. Würdigen Sie den Gegenstand, seine Geschichte, die Erinnerungen, die er für Sie in sich trägt, und die Situation, für die er stellvertretend steht. Danken Sie ihm für seine Funktion in der Vergangenheit und entlassen Sie ihn dann aus Ihrem heutigen Leben, indem Sie ihn weggeben. Vielleicht haben Sie eine Idee für ein kleines Ritual, das Ihnen beim Abschiednehmen hilft.

Wenden Sie dieses Prinzip auch für das Entrümpeln der immateriellen Lebensbereiche an.[14] Beginnen Sie, dort Klarheit herzustellen und zu entrümpeln, wo es Ihnen leichter fällt, und wenden Sie sich dann schrittweise den für Sie schwieriger erscheinenden Lebensbereichen zu. Wie bei jedem Lernprozess ist es auch beim Entrümpeln und Abschiednehmen wichtig, sich realistische Ziele zu setzen, die viele kleine Erfolge ermöglichen und dazu motivieren, weiterzumachen.

Übung: Abschied nehmen
Suchen Sie sich einen bequemen Ort und lassen Sie Ihre Gedanken schweifen:
• Welche Abschiede haben Sie in Ihrem Leben bereits erlebt? Welche Abschiede fielen Ihnen leicht? Welche fielen Ihnen schwer?

- Wer oder was hat Ihnen in der Vergangenheit geholfen, Abschied zu nehmen? Was gab Ihnen Kraft und Halt? Wer könnte Ihnen heute beistehen – mit Wort und mit Tat?

Notieren Sie alle Ideen, Namen und mögliche Hilfen in Ihr Entrümpelungstagebuch. Wen könnten Sie anrufen und um Unterstützung bitten?

3. Gefühle als Orientierungshilfe auf dem Weg des Entrümpelns

Im Laufe meiner Beratungen habe ich festgestellt, dass es beim Entrümpeln verschiedene Schwierigkeitsstufen gibt. Diese können von Mensch zu Mensch sehr unterschiedlich aussehen. Dem einen gelingt es, seine Küche in einer überschaubaren Ordnung zu halten, er hat aber große Probleme, sein Schlafzimmer aufzuräumen: Der Kleiderschrank quillt über, und überall im Zimmer liegt genutzte Kleidung herum, die gewaschen werden müsste. Jemand anders hat eine aufgeräumte Werkstatt, fühlt sich jedoch in seinem übervollen und unaufgeräumten Wohnzimmer nicht wohl. Er schafft es dennoch nicht, dieses zu entrümpeln und aufzuräumen. Wieder jemand anderem gelingt es, seine Wohnung in einem halbwegs geordneten Zustand zu halten, während er seine gesammelten Briefe und Unterlagen teilweise ungeöffnet in Kisten unter seinem Bett stapelt. Jeder Gang zum Briefkasten ist mit Angst besetzt, weil sich eine neue Mahnung darin befinden könnte, die dann zu den anderen Briefen in die Kisten wandert. Die Angst, dass irgendwann alles zusammenbricht, wird von Tag zu Tag größer.

Jeder trägt eine ganz persönliche innere Landkarte seiner Wohnung in sich, die von seinen Gefühlen geprägt ist. Diese emotionale Landkarte kann beim Entrümpeln als Orientierung dienen. Sie lässt erkennen, in welchen Bereichen das Ordnunghalten gut läuft, und hilft zu unterscheiden, wo in der Wohnung welche Art von Handlungsbedarf besteht. Durch die Wahrnehmung dieser inneren Gefühlslandkarte schärft der Einzelne den Blick für seine Wohnung und für sich selbst. Machen Sie dazu folgende Übung:

Übung: Meine persönliche innere Landkarte meiner Wohnung erstellen
Nehmen Sie ein großes Blatt Papier und zeichnen Sie den groben Grundriss Ihrer Wohnung auf. Gehen Sie nun Schritt für Schritt

Ihre Wohnung durch und kennzeichnen Sie auf dem Papier mit unterschiedlichen Farben die Orte in Ihrer Wohnung,

- an denen eine gute Ordnung herrscht, mit der Sie im Großen und Ganzen zufrieden sind. Hier gibt es nur den alltäglich anfallenden Ordnungsbedarf, aber es sind keine grundlegenden Veränderungen notwendig. Ich nenne sie die *In-guter-Ordnung-Orte.*
- an denen Sie sich rundum wohl fühlen. Ihre *Lieblingsorte.* Wo in Ihrer Wohnung halten Sie sich gerne auf? Wählen Sie dafür eine Farbe, die Ihnen angenehm ist.
- die sehr voll sind, für Ihr Empfinden vielleicht zu voll, bei denen Sie aber noch ungefähr den Überblick haben, was Sie dort finden. Diese Orte sind in Ihren aktiven Alltag integriert. An diesen Orten häuft sich das Zuviel, sie sind emotional aber nur wenig belastet. Ich nenne sie die *Sammelorte.* Wählen Sie eine Farbe für diese Bereiche.
- die Sie gerne mehr nutzen würden, aber an denen irgendwie immer zu wenig Platz ist, um das zu tun, was Sie dort gerne tun würden. Ich nenne Sie *Wunschorte.* Nehmen Sie eine andere Farbe für diese Bereiche.
- die Sie eher ignorieren und vermeiden. Dort ist nicht nur ein Übermaß an »Zuviel«, sondern der Anblick dieser Ansammlungen verursacht Ihnen darüber hinaus sehr unangenehme Gefühle. Das kann ein grundlegend schlechtes Gewissen sein, das ständige Gefühl, etwas tun, ordnen, klären zu müssen, oder die Angst davor, dass etwas Unangenehmes daraus hervorkommen könnte, wenn Sie daran rühren. Etwas, das Sie deutlich überfordern würde, wenn Sie sich damit konfrontieren würden. Diese Orte nenne ich die *Vermeidungsorte.* Wählen Sie eine weitere Farbe für diese Bereiche.

Wenn Sie die Übung gemacht haben, haben Sie nun Ihre persönliche innere Landkarte Ihrer Wohnung vor sich. Sie kennen Ihre Lieblingsorte, an denen Sie sich wohl fühlen, und die Bereiche, in denen Handlungsbedarf herrscht. Für Ihre Entscheidung, wo Sie mit dem Entrümpeln und Aufräumen loslegen und in welchen

Schritten Sie dabei vorgehen können, folgen hier einige Anregungen.

Die In-guter-Ordnung-Orte würdigen

Einige Menschen, die zu mir in die Beratung kommen, erzählen zu Beginn, dass Sie ganz große Probleme mit Ordnung hätten und dass in ihrer ganzen Wohnung das Chaos herrsche. Wenn ich dann genauer nachfrage, stellen viele von ihnen fest, dass es sehr wohl ein paar Orte in ihrer Wohnung gibt, an denen es ihnen gelingt, Ordnung zu halten. Da sie ihren eigenen Fokus aber immer wieder auf die chaotischen und belastenden Stellen richten, nehmen sie diese In-guter-Ordnung-Orte gar nicht mehr wahr. Viele Ratsuchende empfinden es als sehr erleichternd, wenn sie erkennen, dass sie grundsätzlich sehr wohl in der Lage sind, Ordnung zu halten. Oftmals sind dies Bereiche in der Wohnung, die emotional als relativ neutral empfunden werden, wie beispielsweise die Küchenschränke oder das Bad. In diesen Räumen wird das Ordnunghalten selbstverständlich umgesetzt. Auch hier kostet das Aufräumen des alltäglichen Lebenszubehörs Energie, aber die grundlegende Struktur in diesen Lebensbereichen ist klar und überschaubar und bedarf keiner grundsätzlichen Veränderung.

Wer zu entrümpeln beginnt, kann sich diese In-guter-Ordnung-Orte ins Bewusstsein rufen. Genießen Sie es, dass es Bereiche in Ihrer Wohnung gibt, mit denen Sie zufrieden sind und an denen es keinen Handlungsbedarf gibt. Würdigen Sie das, was Ihnen jetzt schon gut gelingt. Diese Orte bilden die stabile Basis für Ihre Entrümpelungsaktion. Was machen Sie an diesen Orten ganz selbstverständlich, das Sie vielleicht auf andere Orte in Ihrer Wohnung übertragen könnten?

Die Lieblingsorte als Oasen pflegen

Ihre Lieblings- oder Wohlfühlorte sind die Bereiche in Ihrer Wohnung, an denen Sie sich rundum wohl fühlen und sich gerne aufhalten. Das kann ein schöner Sessel am Fenster oder ein bequemes Sofa sein, in das Sie sich ganz fallen lassen können. Es sind Orte, an denen Sie sich entspannen oder Ihren Hobbys nachgehen. An denen Sie kreativ sind und voller Energie. An denen Sie gerne mit Ihrem Besuch zusammensitzen oder wo Sie sich allein am wohlsten fühlen. Vielleicht haben Sie mehrere Lieblingsorte in Ihrer Wohnung mit ganz unterschiedlichen Aufenthaltsqualitäten. Pflegen Sie diese Plätze gut. Sie sind Ihre Oasen im Alltag, an denen Sie sich entspannen und Kraft schöpfen.

Halten Sie diese Orte so gut, wie es Ihnen möglich ist, von alltäglichem Gerümpel frei. Erinnern Sie sich daran, was Sie an diesen Orten am liebsten machen, und schaffen Sie sich den Platz, den Sie dafür benötigen. Nur das, was Sie für Ihre Beschäftigung brauchen, sollte dort einen Platz finden. Ist Ihr Wohlfühlort das Sofa, so könnten sich darauf Ihre Lieblingsdecke und ein paar schöne Kissen befinden, nichts weiter. Der Beistelltisch könnte einen kleinen Stapel aktueller Zeitschriften oder das Buch, das Sie gerade lesen, beherbergen und darüber hinaus viel Platz für die Teekanne oder das Glas Wein am Abend bereithalten. Ist Ihr Lieblingsort die Küche, weil Sie leidenschaftlich gerne kochen oder backen, dann halten Sie die Arbeitsplatte frei, damit Ihnen das Kochen oder Backen auch weiterhin Freude macht. Reinigen Sie Ihre Lieblingsorte regelmäßig, denn auch das trägt wesentlich zu Ihrem Wohlbefinden bei.

Stauraum schaffen an den Sammelorten

Wie Sie aus der oben genannten Übung wissen, sind Sammelorte diejenigen Bereiche in der Wohnung, die zwar sehr voll sein mögen, in denen sich vieles stapelt, vielleicht sogar in mehreren Schichten übereinander und hintereinander, bei denen Sie aber noch teilweise den Überblick haben, was Sie dort finden. Es sind Orte, die Sie aktiv in Ihren Alltag integrieren. An diesen Orten häuft sich das »Zuviel« und vielleicht herrscht auch Chaos, aber es belastet Sie emotional nicht oder nur wenig. Das kann die Abstellkammer sein, das Badezimmer, der Keller, der Dachboden oder der Flur, in dem sich alles Mögliche stapelt.

Diese Orte in Ihrer Wohnung, die emotional wenig belastet sind, eignen sich für den Start Ihrer Entrümpelungsaktion. Gelingt es Ihnen hier, die ungenutzten oder ungeliebten Dinge auszusortieren und wegzugeben, können Sie viel Raum schaffen für die Dinge, die Ihnen wirklich wichtig sind.

Dazu benötigen Sie geeignete Möbel als Stauraum, ein Regal mit ausreichend Fächern, Regalbretter an der Wand oder einen Schrank, der Ihre wichtigen Dinge beherbergen soll. »Ausreichend« bedeutet beispielsweise, dass Sie an alle Gegenstände, die Sie aufbewahren wollen, gut herankommen und sie gefahr- und mühelos herausnehmen können. Also weg von den dreifach gestapelten Reihen.

An den Sammelorten haben sich über die Jahre viele Dinge angehäuft, die irgendwann einmal von Bedeutung waren, aber heute nur noch als ungenutztes Gerümpel ihr Dasein fristen. Hier gibt es also eine Menge an Dingen, die großzügig aussortiert werden können. Gehen Sie hier mit voller Kraft vor. Bitten Sie eine Freundin oder einen Freund, Ihnen dabei aktiv zur Hand zu gehen. Jemanden, dem Sie es erlauben, dass er Sie berät und Ihnen bei Entscheidungen hilft. Dieser Helfer hat eine neutralere Haltung gegenüber den von Ihnen angesammelten Dingen und kann hilfreich bei der Bewertung der Gegenstände sein.

Räumen Sie jeweils das gesamte Regalbrett, das Schrankfach bzw. die Schublade leer und entscheiden Sie für jeden einzelnen Gegenstand getrennt, ob sie ihn behalten und wieder einsortieren möchten. Nehmen Sie dabei ein paar Leitfragen als Orientierungshilfe: Habe ich diesen Gegenstand im letzten Jahr tatsächlich benutzt? Nutze ich ihn gerne? Bereitet mir der Gegenstand Freude? Ist er mir wichtig? Alle Dinge, bei denen Sie diese Fragen mit Ja beantworten, können bleiben und bekommen einen neuen guten Platz. Gibt es noch weitere Kriterien, die für einen Verbleib in Ihrer Wohnung sprechen? Welche?

Alles, was nicht darunterfällt, wird aussortiert, weggeworfen, verkauft oder verschenkt. Genießen Sie es, wenn am Ende noch Lücken in Ihrem Stauraum sind.

An den Wunschorten seinen inneren Widersprüchen begegnen

In meinen Beratungen kommt es immer wieder vor, dass die Ratsuchenden klare Ideen haben, was sie gerne tun würden, wenn Sie es denn schaffen würden zu entrümpeln. Dabei gibt es zwei Schwerpunkte, die in unterschiedlichen Varianten immer wieder genannt werden:[15] das Ausleben der eigenen Kreativität sowie die Begegnung mit anderen Menschen in der eigenen Wohnung. Der eine trägt die Idee in sich, Texte zu schreiben, ein Buch vielleicht, Gedichte oder Liedtexte – aber leider ist der Schreibtisch immer so voll, dass gar kein Platz bleibt, um kreativ zu werden und mit der kreativen Tätigkeit zu beginnen. Und wenn man vor dem Schreiben erstmal den Schreibtisch aufräumen müsste – das würde zu lange dauern, und so fängt man gar nicht erst an. Beim anderen gibt es die Sehnsucht zu malen, sich selbst in Bildern auszudrücken – aber leider gibt es keinen freien Platz in der Wohnung, wo die Staffelei aufgestellt werden könnte. Vor dem Fenster stapeln sich ein paar Kartons – und außerdem fehlt die Zeit, weil es so viel anderes, Wichtiges zu erledigen gibt. Wieder andere würden gerne Freunde und Bekannte zu sich einladen. Sie wollen Gastgeber sein und liebe Menschen um sich versammeln. Aber – die Wohnung ist viel zu voll und die Stapel sind zu groß und wackelig, um den kleinen Neffen zum Spielen einzuladen. Oder es gibt keine bequeme Sitzgelegenheit für Gäste, da auf dem Sofa kein Platz mehr ist oder der Esstisch mit so vielen Papierstapeln vollgestellt ist, dass man daran keine Gäste mehr bewirten könnte. Oder die Scham angesichts der wilden Ansammlungen in der Wohnung ist zu groß; diese chaotische Seite von sich möchte man seinen Freunden und Bekannten lieber nicht zeigen.

Zum einen kann es ganz praktische Gründe haben, die jemanden daran hindern, seine Wunschorte aufzuräumen und so zu nutzen, wie er es sich erträumt: ein Überschätzen des Arbeitsaufwandes für das Aufräumen des Wunschortes, ein fehlendes Ordnungssystem und viele Gründe mehr. Wenn man sich diese Gründe bewusst macht, sie aufschreibt und dadurch genauer ins Auge fasst, finden sich meist doch Ansatzpunkte für eine Lösung.

Viel schwieriger zu lösen ist die emotionale Seite, die oftmals dabei mitspielt. Emotionaler Hintergrund für das Entstehen der Wunschorte ist, dass wir häufig starke Ambivalenzen, also gegensätzliche und widerstreitende Gefühle in uns tragen. Einerseits gibt es diese Sehnsucht, sich kreativ zu verwirklichen, oder den Wunsch, Menschen zu begegnen und die eigene Tür für andere Menschen zu öffnen – andererseits gibt es etwas in uns, das uns davon abhält, zur Tat zu schreiten oder es wenigstens zu versuchen. Das kann die Angst sein zu scheitern, insbesondere bei Menschen, die einen sehr hohen, perfektionistischen Anspruch an sich haben oder sich häufig mit anderen vergleichen. Das können alte Glaubenssätze sein, die man aus frühester Kindheit verinnerlicht hat, wie z. B. »Das schaffst du nicht«, oder: »Malen ist doch keine Arbeit.« Viele dieser Glaubenssätze gehen mit einer Abwertung der eigenen Person oder der eigenen Fähigkeiten einher und verhindern dadurch, unbefangen an etwas heranzugehen und einfach loszulegen. Sie verhindern, mit einer Aufgabe lustvoll zu experimentieren, langsam in kleinen Schritten zu lernen und Unvollkommenheit zu riskieren. Nach dem Motto: Lieber gar nicht erst anfangen.

Im Alltag sind wir uns dieser Gefühle oft gar nicht bewusst. Bei jedem Versuch, unsere Wünsche auszuleben und aktiv zu werden, fällt uns ein Grund ein, es doch nicht zu tun. »Eigentlich würde ich ja gerne … aber …« In unserem Inneren spüren wir vielleicht einen Gefühlswirrwarr, den wir wegdrücken, im Äußeren finden wir einen scheinbar plausiblen Grund, warum wir nicht zur Tat schreiten. Ein großes »ABER …« verstellt den Weg zur Tat. All diesen »ABER«-Gefühlen ist gemeinsam, dass wir sie als unangenehm empfinden. Wollen wir diese inneren Blockaden auflösen, kann es uns jedoch helfen, diese »ABER«-Gefühle zuzulassen, sie wahrzunehmen und sie sich genau anzuschauen. Sie können uns wertvolle Hinweise geben und Ansätze für neue Wege bieten.

Gibt es in Ihrer Wohnung einen Ort, den Sie als Wunschort bezeichnen würden? Falls nein, dann überspringen Sie einfach die folgende Übung. Falls ja, dann kann Ihnen diese Übung helfen, sich Ihre widersprüchlichen Gefühle und Gedanken bewusst zu machen. Indem Sie Ihre Gefühle klären und sortieren, lernen Sie sich selbst und Ihre Beweggründe besser kennen.

Nehmen Sie Ihr Entrümpelungstagebuch oder ein Blatt Papier zur Hand und legen Sie eine Tabelle an.

Notieren Sie in der linken Spalte alle Aktivitäten, die Sie gerne tun würden, wenn Sie Ihren Wunschort frei geräumt hätten. Was sind Ihre Träume oder geheimen Wünsche? Was würden Sie gerne tun oder ausprobieren? Welche ungenutzten Fähigkeiten und Interessen schlummern in Ihnen?

Die Tabelle könnte z. B. folgendermaßen aussehen:

Was möchte ich an meinem Wunschort gerne tun?	**ABER ...** **Was hindert mich daran, es zu tun?**	
	Praktische Hindernisse	*Emotionale Hindernisse*
Malen Landschaftsbilder Acryl oder Aquarell	kein Platz, ich weiß nicht, wohin mit den Sachen, nicht genug Licht, keine Erfahrung mit den Maltechniken	Ich bin nicht kreativ, ich kann das gar nicht. Angst, mich zu blamieren. Ich werde nie so schön malen wie X.

Wenn Sie Ihre Liste erstellt haben, nehmen Sie sich noch einen Moment Zeit zu überlegen, ob Sie manche Wünsche noch genauer fassen können. Jemand, der beispielsweise »Malen« in seiner Liste notiert hat, hat vielleicht auch schon eine Idee, was er gerne malen würde oder wie viel Zeit er gerne mit Malen verbringen würde. Wer jemanden zum Essen einladen möchte, weiß vielleicht schon genau, wen er einladen möchte. Wenn Sie also schon genauere Vorstellungen zu Ihren Aktivitäten haben, dann ergänzen Sie Ihre Liste.

Im nächsten Schritt richten Sie Ihre Aufmerksamkeit ganz auf das, was Sie daran hindert, aktiv zu werden. Was ist Ihr großes »ABER ...«?

Was sind die praktischen Gründe, die es Ihnen nicht erlauben, Ihren Wunschort frei zu räumen und dort Ihre Wünsche zu leben? Notieren Sie diese in die mittlere Spalte.

Nehmen Sie sich anschließend Zeit, Ihren Gefühlen nachzuspüren. Welche Gefühle tauchen auf? Versuchen Sie, die Gefühle zu benennen und notieren Sie sie in die rechte Spalte.

Zum Umgang mit den praktischen Hindernissen: Die praktischen Hindernisse, die Sie aufgeschrieben haben, können nun einzeln bearbeitet werden. Die Lösung kann beispielsweise in der Teilnahme an einem Malkurs an der Volkshochschule liegen oder im Kauf eines neuen Regals oder neuer Ordner. Um sich nicht zu überfordern, kann es sinnvoll sein, sich im Moment auf ein einzelnes Thema und dessen praktischen Lösungsweg zu konzentrieren. Der Lösungsweg selbst kann in kleine Teilschritte aufgeteilt werden, die nacheinander abgearbeitet werden. Am Beispiel des fehlenden Ordnungssystems könnten das folgende Schritte sein:

1. Auswahl des Bereichs, an dem ich jetzt Ordnung schaffen will.
2. Recherche im Internet oder in Möbel- oder Schreibwarengeschäften über verschiedene Ordnungshilfen.
3. Eine Freundin oder einen Freund, der Übung im Ordnen hat, als Helfer/-in anfragen.
4. Mit ihr bzw. ihm zusammen geeignete Ordnungskriterien festlegen und dazu passende Ordnungsbehältnisse auswählen.
5. Das nötige Material besorgen.
6. Einen Termin mit der Freundin oder dem Freund vereinbaren, an dem der ausgewählte Bereich praktisch strukturiert und sortiert wird.
7. Die erfolgreiche Aktion würdigen.

Zum Umgang mit den emotionalen Hindernissen: Sind bei der Übung »ABER«-Gefühle aufgetaucht, ist es hilfreich, sich zuerst auf eines dieser Gefühle zu konzentrieren und sich einen Moment lang nur mit diesem einen Gefühl auseinanderzusetzen. Dieser Wahrnehmungs- und Lernprozess kann in kleinen Schritten angegangen werden. Sollte beispielsweise die Angst zu scheitern aufgetaucht sein, sind womöglich alte Zuschreibungen am Werk oder das Ziel wurde zu groß gesteckt. Eine Lösung könnte hier sein, sich ganz bewusst kleine Ziele vorzunehmen. Jemand, der gerne malen würde, könnte überlegen, mit welcher Technik oder mit welchen

Farben er beginnen möchte, und sich bei einem entsprechenden Malkurs anmelden, um sich diese Technik anzueignen. Oder er könnte sich dazu entschließen, mit *einer* speziellen Farbe auf einem Blatt Papier zu experimentieren. Nichts weiter. Er könnte den »Erfolg« in kleine Schritte unterteilen, die es ihm ermöglichen, regelmäßig in den kleinen Dingen erfolgreich zu sein.

Am Beispiel der Wunschorte wird deutlich, wie sehr der äußere Prozess des Loslassens mit dem inneren, emotionalen Erleben verwoben ist. Sowohl die praktische Ebene als auch die Gefühlsebene verlangen unsere Aufmerksamkeit. Die Ebenen ergänzen und verstärken sich gegenseitig – in ihrer hemmenden Wirkung genauso wie in der Auflösung von Blockaden. Durch die Auseinandersetzung mit beiden Ebenen gewinnt der Einzelne schrittweise seine Handlungsfähigkeit zurück.

Die Vermeidungsorte als Scheinriesen entlarven

Vermeidungsorte sind all jene Orte, die nicht nur ein Übermaß an »Zuviel« aufweisen, sondern zusätzlich für extrem unangenehme Gefühle sorgen. Es sind Orte in der Wohnung, die man möglichst vermeidet und zu ignorieren versucht – und deren man sich dennoch immer bewusst ist. Der Umfang von Vermeidungsorten kann sehr unterschiedlich sein. Der eine kennt so etwas gar nicht, dem anderen fällt sofort eine bestimmte Schublade ein, die er lange nicht mehr geöffnet hat. Beim Nächsten stapeln sich Berge von ungeordneten Papieren, Briefen, Unterlagen, Rechnungen und Mahnungen auf dem Wohnzimmertisch oder unterm Bett. Vermeidungsorte können auch ganze Räume sein, die nicht mehr betreten werden.

Das Entrümpeln der Vermeidungsorte stellt eine große Herausforderung dar, da es erfordert, sich mit genau dem auseinanderzusetzen, was über viele Jahre verdrängt und vermieden wurde. Das können alte, schmerzhafte Erfahrungen sein, ungeliebte und verdrängte Seiten unseres Selbst oder Aufgaben, die ein Gefühl von Überforderung und Unzulänglichkeit hervorrufen.

Bei den Vermeidungsorten kann es deshalb helfen, sie sich als Scheinriesen vorzustellen. Bei Michael Ende begegnet Jim Knopf dem Scheinriesen Herrn Tur Tur.[16] Während normale Menschen winzig klein erscheinen, wenn sie weit weg sind, und größer werden, wenn sie sich nähern, verliert der Scheinriese Herr Tur Tur beim Näherkommen seine Größe und damit seinen Schrecken. Tatsächlich ist er nur ein ganz normaler Mensch. Ähnlich verhält es sich mit manchen Vermeidungsorten. Auch hier erscheinen die Dinge aus der Ferne oft sehr viel größer, als wenn man sie aus der Nähe betrachtet. Eine Auseinandersetzung mit den Vermeidungsorten kann sie oftmals entzaubern. Indem man die schwierigen Themen einzeln aufschlüsselt, werden sie sichtbarer, konkreter und damit greifbarer. Aus dem großen, scheinbar unlösbaren Problem werden kleine, überschaubare Aufgaben herausgefiltert. So kann sich für jedes einzelne Problem eine konkrete Lösung zeigen.

Solange ein Vermeidungsort überschaubar und abgegrenzt ist, kann auf eine ähnliche Weise vorgegangen werden, wie bei den Wunschorten. Auch hier ist eine Bearbeitung der praktischen wie der emotionalen Ebene sinnvoll.

In einem ersten Schritt könnten alle praktischen Aufgaben, die erledigt werden müssten, um den Vermeidungsort aufzuräumen, aufgeschrieben werden.

Nehmen wir das Beispiel des Papierstapels, der sich Tag für Tag weiter auftürmt. Auf der praktischen Ebene könnte also überlegt werden, welche Themen oder Aufgaben in dem Stapel verwoben sind. Auf der Liste stünde am Ende vielleicht:

- »Werbung entsorgen«,
- »Unterlagen vom Sozialamt abheften«,
- »Rechnungen bezahlen«,
- »Anträge stellen«,
- »Steuererklärung machen«,
- »persönliche Briefe beantworten« etc.

Für jedes dieser Themen kann dann nach praktischen Lösungen gesucht werden. Für die Werbung könnte eine Lösung lauten, sie erst gar nicht in die Wohnung mitzunehmen, sondern sie direkt im Papiermüll zu entsorgen. Die Unterlagen, die lediglich abgeheftet werden müssen, könnten künftig ein Ablagefach bekommen, wo sie gesammelt werden, bis sie einmal in der Woche abgeheftet werden. Dieser wöchentliche Termin könnte auch dafür genutzt werden, Rechnungen zu bezahlen. Wenn Anträge gestellt werden müssen, kann überlegt werden, wer dabei helfen könnte. Gibt es jemanden im Freundeskreis, der sich damit auskennt, oder gibt es Beratungsstellen? Dasselbe gilt für die Steuererklärung. Auch für diese könnte die Hilfe aus dem Freundeskreis angefragt werden, oder die gesammelten Unterlagen könnten an ein Steuerbüro abgegeben werden. Bei den persönlichen Briefen könnte überlegt werden, welche Briefe in welcher Weise beantwortet werden: Welche möchten Sie mit einem persönlichen, womöglich handgeschriebenen Brief beantworten? Welche könnten Sie mit einer kurzen E-Mail oder einem Postkartengruß beantworten? Welche können unbeantwortet bleiben?

Die Bearbeitung der Gefühlsebene könnte wie in der vorherigen Übung angegangen werden, indem die Gefühle Raum bekommen und wahrgenommen werden: Welche Gefühle tauchen beim Gedanken an einen bestimmten Vermeidungsort auf? Dabei ist es wichtig, die eigenen Gefühle sehr genau zu erkunden. Hilfreich ist es, sie zu benennen und aufzuschreiben. Die Gefühle sind wichtige Hinweise, sie erzählen uns viel über unsere Prägungen und unsere Glaubenssätze.[17] Indem wir uns aktiv mit unseren Emotionen auseinandersetzen und sie bewusst in unser Leben integrieren, verlieren die als unangenehm empfundenen Gefühle ihre Macht. Denn gerade sie bergen oftmals den Schlüssel zu einer Lösung und zu einem neuen Weg.

Dazu ein Beispiel: Nehmen wir an, »Steuererklärung machen« wäre ein Bereich, der Sie völlig überfordert und blockiert. Sie sehen den Stapel von Unterlagen, und allein bei seinem Anblick fühlen Sie sich hilflos. Nehmen wir weiter an, Sie wären ein »Einzelkämpfertyp«, der glaubt, alles alleine schaffen zu müssen. Dann haben Sie bisher womöglich alles getan, um niemanden um Hilfe bitten zu müssen. Sie haben Fristen versäumt, Mahnungen erhalten und womöglich Strafgebühren bezahlt. Und Sie haben die Unterlagen weiter gestapelt, selbst wenn Sie jemanden im Bekanntenkreis haben, der Ihnen damit leicht hätte helfen können. Vielleicht hat dieser Ihnen seine Hilfe sogar angeboten und Sie haben sie abgelehnt. Um das Vermeidungsverhalten zu durchbrechen, kann es notwendig sein, sich das Gefühl der Hilflosigkeit einmal einzugestehen und sich von dem alten Glaubenssatz, alles alleine schaffen zu müssen, allmählich zu verabschieden. Sie könnten ausprobieren, wie es ist, ein Hilfsangebot einfach mal anzunehmen, und dabei die Erfahrung machen, wie sehr dies das Leben erleichtert. Sie könnten Ihre Bekannte, die Ihnen ihre Hilfe schon einmal angeboten hat, fragen, ob sie Ihnen nicht doch jetzt mit der Steuererklärung helfen könnte.

Wenn Sie mit diesen Klärungs- und Lösungsstrategien nicht weiterkommen sollten oder die Vermeidungsorte sehr großen Raum in Ihrem Leben einnehmen, kann es sinnvoll sein, professionelle Hilfe in Form von Beratung oder Therapie in Anspruch zu nehmen.

4. Praktische Anleitung zum Entrümpeln der Wohnung

In den folgenden Kapiteln nehme ich einige Bereiche innerhalb der Wohnung genauer in den Blick und gebe Ihnen praktische Tipps und Hinweise zum Entrümpeln und Aufräumen der Wohnung. Diese sind weder vollständig noch umfassen sie die einzig »richtige« Art des Entrümpelns. Es geht vielmehr um eine Sammlung von Gedanken, Ideen und praktischen Lösungsansätzen, die Sie ausprobieren, individuell ändern und an Ihre eigene Art des Herangehens anpassen können. Nehmen Sie sich die Freiheit, Ihren eigenen Weg des Entrümpelns zu finden. Die Ideen und Lösungsmöglichkeiten, die ich Ihnen vorstellen werde, können für Sie eine Anregung sein, schrittweise Ihre Gewohnheiten zu ändern. Indem Sie sich andere Gewohnheiten aneignen, können Sie neue, ausufernde Ansammlungen vermeiden. So werden Sie das Aufräumen künftig besser und mit weniger Zeit- und Energieaufwand bewältigen.

Vorbereitungen und erste Schritte zum Entrümpeln

Bevor Sie tatkräftig mit dem Entrümpeln beginnen, könnten ein paar vorbereitende Überlegungen nützlich sein.

Die Einrichtung von Provisorien abwägen

In der Entrümpelungsberatung taucht immer wieder die Frage auf, ob provisorische Lösungen des Verstauens hilfreich sind oder nicht. Dazu gibt es meiner Ansicht nach keine eindeutige Antwort. Ein Ratsuchender meinte beispielsweise:

»Ich mag keine Provisorien. Es muss perfekt sein. Deshalb kaufe ich mir im Moment keinen provisorischen Schrank, denn der, der mir gefällt, ist zu teuer. So habe ich nur die offene Kleiderstange, und vieles hat keinen festen Platz und stapelt sich unkontrolliert.

Solange ich keinen Schrank habe, ist das Aufräumen jedoch schwierig.«

Eine andere Ratsuchende beschrieb ihre Haltung folgendermaßen:

»Wo ich lebe, ist alles Provisorium. Ich will das nicht mehr. Vieles habe ich geschenkt bekommen, und ich habe es angenommen, weil es nichts gekostet hat. Aber es hat mir noch nie gefallen. Ich will Möbel, die schön sind, mit denen ich mich wohl fühle.«

Manchmal kann ein Provisorium – etwa ein günstiger, dafür nicht ganz perfekter Schrank – also dazu beitragen, dass man mit dem Aufräumen beginnt und für viele Sachen einen festen Platz findet. So kann unter Umständen eine ausufernde Chaosecke in einem Streich beseitigt werden. Die Gefahr von Provisorien ist jedoch, dass sie zu dauerhaftem Inventar in der Wohnung werden und dass sie ein permanentes Gefühl von Übergang vermitteln. Meine Empfehlung ist deshalb: Gehen Sie mit Provisorien sehr sparsam und achtsam um. Geben Sie dort, wo es Ihnen möglich ist, den Dingen einen festen Platz.

Strukturhilfen in der Wohnung
Für die äußere Struktur der Gegenstände in der Wohnung kann es hilfreich sein, ein paar wenige Ordnungshilfen anzuschaffen. Ich spreche deshalb von »ein paar wenigen«, weil es beim Entrümpeln in erster Linie ja darum geht, den persönlichen Besitz zu verkleinern und wirklich einiges davon loszulassen und wegzugeben. Die Dinge jedoch, die Ihnen Freude bereiten und für deren Verbleib Sie sich entscheiden, sollten einen guten Platz in Ihrer Wohnung bekommen, an dem sie gut aufgehoben und leicht zugänglich sind. Dinge derselben Kategorie sollten in der Regel gemeinsam verstaut werden. Dadurch sind sie leicht wiederzufinden, und Sie behalten den Überblick über Ihren Besitz.

Legen Sie sich Ordnungshilfen und Behältnisse zu, die Ihnen gefallen. Oftmals gibt es anstelle von teuren professionellen Ordnungshilfen auch einfache preiswerte Alternativen wie z. B. bunte Schachteln, Körbe oder Ordner, die ganz nach eigenem Geschmack zusammengestellt werden können. Gestalten Sie sich eine schöne »Schatzkiste« für Ihre wichtigen Erinnerungsstücke. Manche Lagerungsprobleme können durch einfache Haken an der Wand gelöst werden, und schon haben die Fahrradhelme oder Taschen einen festen Platz. In der Art und Weise, wie Sie Ihre Dinge behandeln und aufbewahren, würdigen Sie Ihren Besitz.

Selbststrukturierung

Das Aufräumen und Entrümpeln der Wohnung wird wesentlich erleichtert, wenn es gelingt, sich selbst, die eigene Zeit und die eigenen Handlungen zu strukturieren. Das bedeutet, eine Aktivität zu planen, sie zu beginnen, sie gegebenenfalls in mehrere Schritte einzuteilen und diese nacheinander durchzuführen. Ist die vorher festgelegte Zeit um oder die Aufgabe erfüllt, wird die Aktivität beendet.

Wer Schwierigkeiten damit hat, sich selbst zu strukturieren, kann einiges tun, um sich das Aufräumen oder Entrümpeln zu erleichtern:

- Nehmen Sie Ihr Aufräumen oder Entrümpeln so ernst, wie wenn Sie zur Arbeit außer Haus gingen. Planen Sie im Vorfeld einen Zeitpunkt für das Ordnungschaffen ein, den Sie sich in Ihren Kalender eintragen. Halten Sie diesen Termin genauso ernsthaft ein wie andere Termine.

- Wählen Sie einen Zeitpunkt in Ihrem Wochenplan, zu dem Sie energiegeladen und voller Tatendrang sind. Nutzen Sie Ihre beste Phase für diese wichtige Aufgabe.

- Planen Sie regelmäßige, kleine Einheiten für das Ordnungschaffen ein. Das betrifft den Umfang Ihres Vorhabens wie auch die zeitliche Planung. Nehmen Sie sich beispielsweise 20 Minuten vor und beenden Sie Ihre Arbeit auch tatsächlich nach 20 Minuten. Viele kleine Schritte verhelfen Ihnen zu vielen kleinen Erfolgen. Sie werden merken, wie Ihnen das Aufräumen und Entrümpeln kontinuierlich leichter fällt.

- Beseitigen Sie jeweils vor dem Beginn des Aufräumens und Entrümpelns mögliche Störquellen. Schalten Sie Ihr Handy aus, stellen Sie das Telefon auf Anrufbeantworter oder stöpseln Sie es vorübergehend ganz aus.

- Entscheiden Sie, ob Sie während der Arbeit Musik hören wollen oder nicht, und wenn ja, welche Musik zu dieser Aufgabe passt. Es sollte eine Musik sein, die Ihre tatkräftige Energie unterstützt und die Ihnen Freude bereitet. Aber vielleicht genießen Sie auch einfach die Stille und schenken Ihre Aufmerksamkeit ganz Ihrer Tätigkeit.
- Wohnen andere Familienmitglieder oder Mitbewohner in Ihrer Wohnung, dann bitten Sie diese vorher, Sie in dieser Zeit nicht zu stören. Bitten Sie sie darum, alles, was ihnen in diesem Zeitraum an wichtigen Themen einfällt, aufzuschreiben und im Anschluss an Ihr Aufräumen mit Ihnen zu besprechen.
- Warten Sie nicht, bis die anderen Familienmitglieder beim Entrümpeln mitmachen. Es ist im Moment vielleicht nicht deren Interesse, sondern nur Ihr eigenes. Verfolgen Sie selbst Ihr Ziel dennoch mit viel Elan und lassen Sie sich nicht davon abbringen. Wo möchten Sie beginnen? Beginnen Sie jetzt!
- Haben Sie eine Arbeitseinheit beendet, nehmen Sie sich Zeit für eine Pause. Genießen Sie den Moment von Ruhe. Machen Sie etwas, das Sie entspannt. Das kann Musik hören, einen Tee trinken oder ein Buch lesen sein, das kann aber auch bedeuten, einfach nur dazusitzen, sich auszuruhen und gar nichts zu tun.
- Sollten Sie nach dieser Pause noch Lust verspüren, mit dem Aufräumen oder Entrümpeln weiterzumachen, dann planen Sie auch hier wieder einen begrenzten Umfang für Ihr Vorhaben ein.
- Würdigen Sie nach Beendigung der Arbeit Ihr Werk, egal wie klein oder groß es geworden ist. Erlauben Sie sich, sich darüber zu freuen, was Sie gerade geschafft haben. Genießen Sie den Anblick der aufgeräumten Schublade oder der neu entstandenen Lücke im Regalbrett. Wer Lust hat, kann ein Erinnerungsfoto davon machen.

Das Badezimmer: Frisch in den Tag

Zuerst wenden wir uns dem Badezimmer zu. Nach dem Entrümpelungsprinzip »Dort anfangen, wo es am leichtesten ist« scheint das Badezimmer ein geeigneter Raum zu sein, um mit dem Aus- und Aufräumen zu beginnen. Hier befinden sich in aller Regel keine oder nur wenige Gegenstände mit hohem emotionalen Wert. Das Badezimmer ist zudem der Raum, den wir nach dem Aufstehen meist zuerst betreten. Hier beginnen wir den Tag und pflegen unseren Körper. Ein aufgeräumtes und sauberes Badezimmer unterstützt einen klaren und frischen Start in den Tag.

Räumen Sie wie bei den früheren Übungen auch im Bad jedes Schrankfach, jede Schublade oder Ablage, die Sie sich vornehmen, jeweils vollständig aus, reinigen Sie den Ort gründlich und entscheiden Sie dann für jedes Stück, ob es wieder einen Platz dort finden soll.

Oftmals findet sich im Bad eine Vielzahl von angebrochenen Tuben, Cremes, Fläschchen, Aftershaves, Deosprays usw. Einige davon wurden nicht aufgebraucht, weil die neue Creme oder das neue Aftershave schon angebrochen wurde, andere, weil man sie von vornherein nicht richtig mochte. Spätestens jetzt ist die Zeit, diese Dinge zu entsorgen, sie in den Müll zu werfen oder, bei noch neuen Drogerieartikeln, sie vielleicht in die Verschenkkiste zu geben. Aber Achtung: Alte Kosmetika und halb verbrauchte Schminksachen sollten nicht in die Verschenkkiste, denn sie werden vermutlich auch anderen keine Freude mehr bereiten. Wenn Sie kein Mindesthaltbarkeitsdatum mehr lesen und sich nicht mehr erinnern können, wie lange Sie die Creme oder den Lippenstift schon haben, ist das ein Zeichen, dass diese Dinge in den Müll gehören.

Gerade bei Schminkutensilien können sich im Laufe der Jahre ganze Batterien von angebrochenen Produkten ansammeln. Wenn Sie nun innehalten und zurückverfolgen, was Sie davon die letzten Tage oder Wochen genutzt haben, werden Sie vermutlich feststellen, dass es doch eher zwei oder drei Lieblingslippenstifte oder einen Lieblingspuder gibt, die Sie regelmäßig nutzen. Hier ist oftmals weniger mehr. Beschränken Sie sich auf Ihre Lieblingsprodukte, die Sie gerne verwenden, gerne an sich riechen und die zu Ihrem Typ passen. Werfen Sie alle alten und unpassenden Produkte, die in den letzten Jahren vor allem Staub angesammelt haben, großzügig weg. Dasselbe gilt für Schminkpinsel, Kämme oder Rasierer. Welches Teil mögen Sie am liebsten? Bewahren Sie von diesen Dingen jeweils nur ein oder ein paar wenige Modelle auf, die Sie wirklich gerne benutzen.

In vielen Badezimmern dürften auch einige Probepäckchen von Shampoos, Bodylotions, Parfums etc. auftauchen. Diese Werbegeschenke werden pauschal und nach dem Zufallsprinzip verschenkt, sie landen ungefragt in der Einkaufstüte, und zu Hause fragt man sich dann:»Wohin damit?« Diese Probepäckchen sind ökologisch eine Katastrophe (viel Plastik, wenig Inhalt), sie sind unpraktisch in der Handhabung und lassen sich meist nicht wieder verschließen, so dass sie in geöffnetem Zustand herumliegen, auslaufen und Schmutz verursachen. Es sind Gegenstände, die man sich nicht selbst ausgesucht hat und die keinen festen Platz haben. Sollten Sie ein paar dieser Exemplare bei sich finden, dann entsorgen Sie sie nun. Vermutlich haben Sie bereits bewährte Kosmetik- und Drogerieprodukte, mit denen Sie zufrieden sind. Wer vermeiden möchte, dass sich neue Probepäckchen ansammeln, lehnt diese am besten schon im Geschäft ab oder gibt die Proben, die ungefragt in die Einkaufstüte gelegt wurden, direkt an die Verkäufer zurück. Sie müssen die Werbekampagnen der Firmen nicht mitmachen, wenn Sie es nicht wollen. Nehmen Sie nur die Probepackungen an, die Sie wirklich interessieren.

Ebenfalls im Bad finden sich in vielen Haushalten Putzmittel aller Art. Die Putzmittelsammlungen können die Eigenart entwickeln, dass sie sich scheinbar unbemerkt vermehren und alle Produkte angebrochen sind. Hier gilt es, sich anzugewöhnen, alle angebrochenen Mittel konsequent zuerst aufzubrauchen, bevor neue Flaschen gekauft oder geöffnet werden. Putzmittel, die nicht mehr genutzt werden, können sofort entsorgt werden. Viele dieser Putzmittel sind jedoch sehr umweltschädlich und sollten nicht im Hausmüll oder im Abfluss landen. Diese können in Sammelstellen für Sondermüll gebracht werden. In vielen Gemeinden gibt es Wertstoffhöfe, die den Sondermüll fachgerecht entsorgen.

Eine weitere Eigenart vieler Putzmittelsammlungen ist, dass sie eine Unmenge an Spezialmitteln für alle möglichen Oberflächen oder Verschmutzungen umfassen. Die meisten dieser Spezialmittel sind meiner Meinung nach jedoch überflüssig. In der Regel reichen ein paar grundlegende Reinigungsmittel wie ein Allzweckreiniger, eine Scheuermilch, ein Kalkentferner sowie ein Toilettenreiniger aus, um einen Haushalt sauber zu halten. Dasselbe gilt für Waschmittel – weniger ist manchmal mehr. Nutzen Sie das Entrümpeln, um Ihr Sortiment an Putz- und Waschmitteln auf ein notwendiges und überschaubares Maß zu reduzieren. Auch ist es wenig sinnvoll, bei Putz- und Waschmitteln eine Vorratshaltung anzulegen, denn sie sind jederzeit in jeder Drogerie und in sämtlichen Supermärkten im Rahmen Ihrer wöchentlichen Einkäufe zu erwerben. Überlassen Sie die Lagerhaltung den Supermärkten und sparen Sie Ihren wertvollen Platz zu Hause für sich selbst und für die Dinge, die Ihnen wertvoll sind.

Wenn Sie nun alle alten Kosmetikartikel entfernt, alle staubigen und klebrigen Flächen gereinigt und Ihre Lieblingsprodukte ausgewählt haben, stellt sich die Frage, wie Sie diese gut lagern können. Gerade im Bad gibt es viele kleine Einzelteile, die dazu neigen, durcheinanderzufallen, Staub anzusammeln und klebrig zu werden, und so will die Lagerung gut bedacht sein. Meine Empfehlung ist, das Bad so einzurichten, dass es aufräum- und putzfreundlich gestaltet ist. Sie ersparen sich dadurch in Ihrem Alltag viel Zeit und Mühe. Das bedeutet beispielsweise, so wenige Dinge wie möglich offen auf der Ablage oder einzeln im Regal zu deponieren. Vielmehr empfehle ich, so viel wie möglich hinter einer verschlossenen Tür wie dem Spiegelschrank, dem Badschrank oder in Schubfächern zu verstauen. Im Regal könnten schöne Schachteln oder Körbe genutzt werden. Wenn nur wenige Dinge offen sichtbar sind, vermittelt das eine ruhige und klare Atmosphäre und hinterlässt einen frischen, aufgeräumten Eindruck. Zudem empfehle ich, kleine Aufbewahrungsbehältnisse für den »Kleinkram« zu besorgen. In diese könnten Sie Gleiches zu Gleichem einsortieren: eine kleine Schachtel für Haargummis und -spangen, einen Becher für die Schminkpinsel, eine Schachtel für die Rasiersachen etc.

Für eine angenehme farbliche Gestaltung könnten ein paar neue Handtücher in Ihren Lieblingsfarben sorgen, und ein neuer Duschvorhang bringt neue Frische ins Bad.

Die Küche: Der Ort für das leibliche Wohl

Die Küche ist für viele Menschen ein wichtiger Ort in der Wohnung. Hier ist das »Versorgungszentrum«. Hier ist der Ort, an dem das leibliche Wohl im Mittelpunkt steht, der Ort, an dem ich mich und andere, meine Familie und Freunde, nähre. Viele Küchen sind auch zentraler Lebensmittelpunkt in einer Wohnung; insbesondere in Wohnküchen spielt sich das soziale Leben eines Menschen oder einer Familie ab.

Geschirr, Küchengeräte und Küchenutensilien reduzieren

Gerade die Küche ist aber auch ein Ort, der leicht zu Ansammlungen neigt. Durch Zusammenzug zweier Menschen sind viele Haushaltsgeräte doppelt vorhanden. Manche Küchenutensilien wurden einem geschenkt und sind schön – aber sie waren schon vorhanden oder sind ganz einfach unpraktisch. Dazu gesellen sich so manche Urlaubsmitbringsel, Spontankäufe, Schnäppchen und Sonderangebote. Für den Haushalt ist auch die Industrie sehr findig und hat, um uns das Leben zu »erleichtern«, für jeden erdenklichen Handgriff, jeden Zubereitungsvorgang, jede Gemüseart und jede Fleischsorte ausgeklügelte Spezialgeräte erfunden, ohne die Mensch nicht leben kann – oder etwa doch?

Beim Entrümpeln der Küche lässt sich meist schon in einem Durchgang etliches aussortieren. Viele Kleingeräte und Haushaltsutensilien, die mehrfach vorhanden sind, aber nur selten genutzt werden, sowie ungenutzte oder minderwertige Schnäppchen können zumeist großzügig aussortiert werden, ohne dass anschließend etwas fehlen würde. Mehrfach vorhandene Kuchenplatten, Servierteller, Salatbestecke, Korkenzieher oder die Schublade voller Plastikbehälter, die sich über die Jahre angesammelt haben, bergen großes Entrümpelungspotenzial. Wenn Sie sich kurz fragen, wie viele Kuchen Sie üblicherweise gleichzeitig backen oder wie viele Plastikbehälter bei Ihnen gleichzeitig im Einsatz sind, bekommen Sie eine Einschätzung, wie viele davon Sie wirklich benötigen. Das betrifft auch Schüsseln, von denen mehrere in derselben Größe vorhanden sind, oder Pfannen und Töpfe. Einige davon werden tatsächlich in derselben Größe gebraucht und sind regelmäßig im

Einsatz, aber vielleicht haben Sie auch einiges an Küchengeschirr, was sein Leben ungenutzt im Schrank fristet. Manchen Menschen hilft beim Entrümpeln die Frage: Was habe ich im letzten Jahr nicht benutzt? Beim Durchsehen der Schränke werden Ihnen einige Dinge ins Auge fallen, die Sie schon lange nicht mehr in der Hand hatten und die Sie nicht vermisst haben. Vielleicht trifft das auch auf einige Teller und Tassen zu, die angeschlagene Stellen haben und die Sie deswegen nicht mehr benutzen. Auch die haben ihren Dienst in der Vergangenheit geleistet und können nun aussortiert werden. Mehrfach vorhandene und funktionsfähige Küchengeräte könnten in die Verschenkkiste wandern. In diese könnten auch einige der Spezialgeräte und -utensilien wie der Spargeltopf oder der Sandwichtoaster wandern. Kaputtes Geschirr gehört in den Müll und kaputte elektrische Geräte sollten im Wertstoffhof oder im Fachhandel entsorgt werden.

Die Küche einrichten

Der Bereich zwischen Kühlschrank, Herd, Arbeitsplatte und Spüle ist das aktive Zentrum der Küche. Hier sollten die Dinge, die Sie regelmäßig benutzen, mühelos erreichbar sein. Je öfter Sie etwas benutzen, desto leichter zugänglich sollten die Dinge verstaut sein. Ersparen Sie sich dort, wo es möglich ist, lange Wege und unnötiges Bücken. Die spezialisierten Haushaltsgeräte jedoch, die Sie nur selten benutzen, oder große Töpfe und Schüsseln, die nur bei wenigen Anlässen zum Einsatz kommen, können oben in den Schränken oder gar in der Abstellkammer untergebracht werden. Lagern Sie Gleiches bei Gleichem, so dass Sie und die anderen Familienmitglieder keine Zeit mit Suchen verbringen müssen. Um Ordnung in die Schubladen zu bringen, helfen einfache Schubladeneinsätze mit mehreren Abteilungen.

Die Arbeitsfläche ist in vielen Küchen ein neuralgischer Punkt. Sie scheint geradezu eine Sogwirkung zu besitzen und alle möglichen Dingen förmlich anzuziehen: Zeitungen, Briefe, Werbung, Flyer, Dekoartikel, Blumen, halbvolle Gläser, sauberes und schmutziges Geschirr, die Tüte Obst, Kugelschreiber, das Telefon, Schals, Mützen, allerlei Krimskrams, Schlüssel und vieles mehr folgen einem lautlosen Ruf und lassen sich dort nieder. Mit der Folge, dass auf der Arbeitsfläche nicht mehr gearbeitet werden kann. Vor jedem Koch- oder Backvorhaben muss zuerst Zeit investiert werden, um sich eine kleine Fläche zum Arbeiten frei zu räumen. Auch macht das Kochen weniger Freude, wenn der Arbeitsplatz nicht ausreicht und immer etwas im Weg herumsteht.

Probieren Sie es einmal aus: Räumen Sie Ihre Arbeitsplatte vollständig frei und erleben Sie, wie entspannt es sich dann kochen oder backen lässt. Gönnen Sie sich diesen Platz. Manche Menschen nutzen die Arbeitsfläche, um häufig genutzte Geräte und dekorative Utensilien aufzustellen. Aber auch diese brauchen viel Platz und verursachen eine unruhige Atmosphäre und zusätzlichen Aufwand beim Putzen. Vielleicht reduzieren Sie auch diese Elemente auf das Wesentliche. Viele Dinge, die üblicherweise auf der Arbeitsplatte ihren Platz finden, könnten genauso gut in der obersten Schublade oder einem gut erreichbaren Schrankfach gelagert werden.

Die Vorratshaltung ausdünnen

In vielen Haushalten, die ich kenne, herrscht eine ausgeprägte Vorratshaltung. Viele Vorratsschränke sind groß, und in vielen Wohnungen und Häusern gibt es separate Speisekammern, kleine, an die Küche angegliederte Räume für die Vorräte. Was früher sinnvoll war und es heute dort noch ist, wo viel eingekocht und haltbar gemacht wird (auf dem Land oder in Haushalten mit Garten), ist in Zeiten von großen Supermärkten allerorten, von denen viele mittlerweile selbst in Kleinstädten bis 21 Uhr oder länger geöffnet haben, oftmals überdimensioniert.

Das Problem dabei ist nicht nur, dass die Lebensmittel viel Stauraum belegen, sondern dass in der Menge an Lebensmittelpackungen leicht der Überblick verloren geht und in den hintersten Reihen oder untersten Schichten angebrochene, abgelaufene und verdorbene Lebensmittel ihr Dasein fristen. Und da viele Menschen verinnerlicht haben, dass man Lebensmittel nicht wegwirft, werden die abgelaufenen nicht aussortiert, sondern weiter aufgehoben. Sie werden aber auch nicht verbraucht, weil ja schon neue und viel appetitlichere Lebensmittel vorhanden sind.

Der Vorratsschrank oder -raum ist ein Ort, der regelmäßige Pflege verdient. Vielleicht machen Sie es sich ein- oder zweimal im Jahr zur Gewohnheit, Ihre Vorräte nach Mindesthaltbarkeitsdatum und Verzehrfähigkeit zu überprüfen und alte, abgelaufene oder verdorbene Lebensmittel wegzuwerfen.

Auch ein großer Kühlschrank verführt zu überbordender Vorratshaltung. So passiert es leicht, dass angebrochene Packungen in Vergessenheit geraten. Verdorbene Lebensmittel im Kühlschrank sind der Gesundheit jedoch nicht zuträglich, da sie schimmeln und im Kühlschrank gesundheitsschädliche Sporen verbreiten.

Um übermäßige Einkäufe zu vermeiden, empfehle ich folgende Herangehensweise:

- Führen Sie eine Einkaufsliste, auf der Sie genau aufschreiben, was Sie wirklich brauchen.
- Gehen Sie nie hungrig einkaufen.
- Gewöhnen Sie sich an, Ihre Spontankäufe zu reduzieren. Ihre Spontankäufe im Supermarkt sollten nie die Anzahl der Produkte, die Sie aufgeschrieben haben, übersteigen. Vielleicht nehmen Sie sich für Ihre Spontankäufe selbst eine Zahl vor, die Sie sich maximal erlauben möchten.
- Gehen Sie nicht täglich einkaufen. So sparen Sie viel Zeit und verhindern außerdem, dass Sie täglich durch neue Angebote verführt werden.
- Machen Sie einmal die Woche einen Großeinkauf sowie ein- bis zweimal die Woche kleine Einkäufe für frische Produkte.
- Passen Sie die Mengen, die Sie einkaufen, Ihrem tatsächlichen Bedarf an, so dass Sie nicht Gefahr laufen, essen zu »müssen«, damit die Dinge nicht verderben.
- Für alle, denen es extrem schwerfällt, beim Einkauf den Überblick zu behalten und ein stimmiges Maß für neu zu kaufende Vorräte zu finden, habe ich folgende Empfehlung: Überlegen Sie sich zu Hause in aller Ruhe, wie viele Packungen Käse, Wurst, Nudeln oder Quark Sie gemessen an Ihrem Verbrauch als sinnvoll erachten. Schreiben Sie für jedes Produkt die genaue Zahl auf, die Sie gerne jederzeit in Ihrem Vorratsschrank oder Kühlschrank vorfinden möchten. Das könnte so aussehen: 5 Packungen Nudeln, 1 Packung Mehl, 1 Packung Zucker, 3 Packungen/

Sorten Wurst, 2 Packungen/Sorten Käse, 2 Becher Sahne, 2 Liter Frischmilch etc.

- Wenn Sie nun also Ihren Wocheneinkauf planen, zählen Sie Ihre vorhandenen Vorräte durch und schreiben Sie die fehlende Menge auf Ihren Einkaufszettel. Achten Sie darauf, dass Sie exakt diese Menge kaufen und nicht mehr. Beobachten Sie sich dabei, ob die geplante Menge für Sie stimmt, und überprüfen Sie nach ein paar Wochen, ob Sie die Anzahl an der einen oder anderen Stelle verändern wollen, weil die Zahl zu hoch oder zu niedrig angesetzt war.
- Riskieren Sie, dass auch mal etwas ausgehen darf. Davon geht die Welt nicht unter. Und spätestens am nächsten Tag haben alle Läden wieder geöffnet.

Beim Ausmisten von Vorratsschränken und Kühlschrank empfehle ich, einmal alles komplett auszuräumen, alte Sachen auszusortieren und wegzuwerfen und den Kühlschrank oder das jeweilige Lebensmittelfach gründlich zu reinigen. Packen Sie beim Einräumen auch hier Gleiches zu Gleichem, also beispielsweise alle Nudeln und Getreideprodukte in eine gemeinsame Schublade und alle Backzutaten in eine luftdicht verschließbare Backkiste. Das hilft, den Überblick zu bewahren. Vielleicht können Sie auch den Kühlschrank in Bereiche unterteilen, die Sie mit jeweils gleichartigen Produkten füllen.

Gewöhnen Sie es sich an, Angefangenes aufzubrauchen, bevor Sie eine neue Packung öffnen. Stellen Sie die neu gekauften Packungen immer nach hinten, so dass Ihnen die bereits angebrochenen Packungen zuerst in die Hände fallen.

Kleidung, Schuhe und Taschen: Das äußere Erscheinungsbild mit dem eigenen Wesen in Einklang bringen

»Ein ganzer Schrank voll nix zum Anziehen« – so lautet der Aufdruck auf einer Postkarte, die ich vor kurzem gekauft und im Tauschmobil aufgehängt habe. Es sind nicht wenige Menschen, die diesen Spruch sofort unterschreiben würden. Der Kleiderschrank quillt über, und trotzdem steht man davor und weiß nicht, was man anziehen soll: Überforderung angesichts des Überflusses. Halbjährlich wechselnde Moden, attraktive Angebote und spontane Kauflust sorgen in Verbindung mit der Hemmung, Kleidung wegzuwerfen, dafür, dass die Kleiderschränke der meisten Menschen sehr voll sind; so voll, dass der Überblick über den Inhalt des Schrankes verloren geht und viele Kleidungsstücke in den Niederungen des Schrankes ein tristes, vergessenes Dasein führen. Aber Kleidung wurde dafür gemacht, dass sie getragen wird, dass sie Menschen wärmt und schmückt und Freude bringt. Damit ein Kleiderschrank nur noch Kleidung enthält, die diese Funktion erfüllt, kann es helfen, sich vor dem Entrümpeln ein paar Gedanken zur eigenen Kleidung zu machen.

Schauen Sie sich in Ihrem Kleiderschrank um: In welchen Kleidungsstücken fühlen Sie sich am wohlsten? Welche Farben mögen Sie gerne an sich? Was macht Ihre Lieblingsstücke so angenehm für Sie? Mögen Sie gerne praktische, bequeme Kleidung oder eher elegante? Ziehen Sie sich gerne sportlich an oder eher schick? Tragen Sie es gerne einfarbig oder kombinieren Sie bunte Farben? Was macht Ihren Stil aus und warum?

Betrachten Sie nun das eine oder andere Kleidungsstück, das dort seit Jahren hängt und nicht zum Einsatz kommt: Was daran entspricht Ihnen nicht? Was stört Sie? Warum fühlen Sie sich nicht wohl darin?

Mithilfe dieser Fragen machen Sie sich bewusst, was Sie wirklich mögen und was nicht. Sie werden schnell die Kleidungsstücke erkennen, die Sie nur noch aus schlechtem Gewissen im Schrank lagern – weil sie mal teuer oder ein Geschenk waren oder weil Sie denken, dass Sie sie noch nicht lange genug getragen haben. Gerade bei Kleidung ist das schlechte Gewissen ein hartnäckiger Entrümpelungsgegner.

Weitere Entrümpelungsgegner sind alte Selbstbilder und Glaubenssätze, wie z. B.: »Ich muss schlank sein, nur dann bin ich liebenswert«, oder: »Ich muss meine jugendliche Figur mein Leben lang behalten, nur dann bin ich attraktiv.« Diese Glaubenssätze können dazu führen, dass man ein Leben lang mit dem Thema Abnehmen und Diäten beschäftigt ist und dass man sich ebenfalls ein Leben lang mit schlechtem Gewissen und Selbstvorwürfen plagt. So werden die Kleidungsstücke aus der Jugend aufbewahrt, damit sie einen immer wieder daran erinnern, wie schlank man doch früher war. Der innere Kritiker spornt zudem an: »Das müsste doch wieder zu schaffen sein, ich müsste ja nur konsequenter sein …«

Menschen, die das so oder so ähnlich kennen, empfehle ich, sich mit ihrem Körper auszusöhnen. Jedes Lebensalter bringt neue Qualitäten mit sich. Genießen Sie Ihr Leben im Hier und Jetzt, anstatt der Vergangenheit nachzutrauern. Akzeptieren Sie, dass sich Ihr Körper verändert, er wird nie mehr so sein wie früher. Gönnen Sie sich und Ihrem Körper Kleidung, in der Sie sich heute wohl fühlen. Entsorgen Sie alle Kleidungsstücke, bei denen Ihnen die Worte »Wenn … dann …« oder »Ich müsste doch nur …« einfallen. Weg mit dem schlechten Gewissen!

In ihrer Kleidung zeigen sich Menschen ihrem sozialen Umfeld und präsentieren einen Teil ihrer Persönlichkeit und ihres Befindens nach außen. Das kann unbewusst geschehen, oft ist es aber eine sehr bewusste Entscheidung. Wie will ich von anderen gesehen und wahrgenommen werden? »Kleider machen Leute«, heißt es, und so gibt es viele gesellschaftliche Anlässe, die mit bestimmten Erwartungen an Kleidung, sogenannten Dresscodes, verbunden sind. In vielen Arbeitsbereichen gibt es geschriebene wie ungeschriebene Kleiderordnungen. Vor diesem Hintergrund kann es geschehen, dass Kleidungsstücke gekauft werden, die zwar einem Anlass entsprechen, nicht jedoch der eigenen Persönlichkeit. Vielleicht sind es aber auch die eigenen Vorstellungen, die jemanden dazu veranlassen, bestimmte Kleidungsstücke zu kaufen, um eine bestimmte gesellschaftliche Rolle »darzustellen«.

Sollten Sie also von einer bestimmten Art von Kleidung mehrere Stücke besitzen, die Sie nur sehr selten oder nie tragen, dann können Sie selbst überprüfen: Was unterscheidet diese Kleidungsstücke von denen, die Sie gerne tragen? Welche Funktion erfüllen diese Kleidungsstücke? Setzen Sie sich über (scheinbare oder tatsächliche) Konventionen hinweg und sortieren Sie Kleidung, die nicht zu Ihnen passt, aus. Füllen Sie Ihren Kleiderschrank mit der Kleidung, in der Sie sich wohl fühlen.

Manche Menschen heben Kleidungsstücke auf, weil sie denken, dass Modetrends immer wiederkehren und sie – oder ihre Enkelkinder – die Kleidung dann ja wieder tragen könnten. Ihnen empfehle ich: Machen Sie Ihre Wohnung nicht zu einem Lager für Retromode. Dafür gibt es professionelle Läden und Händler. Außerdem kommt zwar fast jeder Modetrend irgendwann wieder, jedoch nie in exakt derselben Weise. Schließlich will die Modeindustrie Geld verdienen und entwirft deshalb neue Modelle, die den alten zwar ähnlich sind, aber dennoch so anders, dass die alten Sachen nie mehr wirklich passen. Und nach zwanzig Jahren passen sie auch dem eigenen Körper nicht mehr, weil dieser sich ebenfalls verändert hat. Sie müssen die Sachen auch nicht für Ihre Enkelkinder aufheben. Lassen Sie Ihre Enkel ihre eigene Entwicklung machen und ihren eigenen Stil finden.

Kleidungsstücke, die Sie in den letzten zwei Jahren nicht mehr getragen haben, werden Sie vermutlich nie mehr tragen. Geben Sie sie weg und schaffen Sie dadurch Raum für Ihre Lieblingskleidung.

Neu gekaufte Schuhe haben die Eigenart, dass ungefähr jedes dritte bis vierte Paar drückt, nachdem man sie einen Tag lang getragen hat. Im Laden war noch alles in Ordnung – und kaum hat man die Schuhe länger als nur ein paar Minuten an, spürt man schon den ersten Schmerz. Sie kennen das nicht? Sie Glückliche/-r, Sie haben den Schuhindustrie-Normfuß und können die nachfolgenden Abschnitte einfach überspringen!

Das Problem: Zurückgeben kann man die Schuhe nun nicht mehr, wenn sie bereits außer Haus getragen worden sind, und außerdem waren sie teuer und sind noch ganz neu. Also werden sie entweder unter Schmerzen getragen, in der Hoffnung, dass das Leder noch nachgibt (was manchmal auch passiert, oft aber nicht), oder sie werden im Schuhschrank gesammelt. Sie sind ja noch zu gut zum Wegwerfen. Und sie haben genau die Farbe, die zu der Lieblingshose passt.

Meine erste Empfehlung ist in einem solchen Fall: Fragen Sie in einem Fachgeschäft nach, ob sich der Schuh entsprechend bearbeiten lässt. Hochwertige Schuhe lassen sich beispielsweise im reibenden Fersenbereich »weichklopfen«, enge Stellen können oft etwas geweitet werden. Es wäre schade, solche Möglichkeiten nicht zu nutzen und einen qualitativ hochwertigen Schuh ungenutzt im Regal aufzubewahren. Wenn das aber nicht hilft und sich die Schuhe nach ein paar wenigen Tagen nicht eingelaufen haben, empfehle ich Ihnen: Geben Sie sie weg. Verkaufen oder verschenken Sie sie. Es gibt keinen Grund dafür, dass Sie Schmerzen ertragen müssen. Seien Sie es sich wert, Ihr Wohlbefinden ist wichtiger als der Kaufpreis der neuen, aber unpassenden Schuhe.

Bei den Taschen verhält es sich so, dass die meisten Menschen, die ich kenne, eine Lieblingstasche haben, die sie fast täglich nutzen, und noch zwei bis drei weitere, die je nach Anlass hin und wieder in Gebrauch sind. Sie besitzen aber in aller Regel viel mehr Taschen: frühere Lieblingstaschen, die noch aufgehoben werden, oder Taschen, die sich als unpraktisch erwiesen haben. Hier gibt es in vielen Haushalten ein großes Potenzial, sich Platz zu verschaffen.

Praktisches Vorgehen beim Entrümpeln des Kleiderschranks
Für das praktische Vorgehen möchte ich Ihnen zwei unterschiedliche Möglichkeiten vorschlagen. Die eine ist der Weg der kleinen Schritte: Nehmen Sie sich in Ihrem Kleiderschrank und der Kommode ein Fach nach dem anderen vor und gehen Sie nach demselben Prinzip vor, wie ich es in der Übung im Unterkapitel »Mangelerfahrungen als Ursache des Ansammelns« in Kapitel 1 vorgestellt habe. Für Menschen, die gerne mit kleinen, überschaubaren Einheiten arbeiten, führt dieser Weg durch Beständigkeit zum Ziel.

Wer das Entrümpeln etwas radikaler angehen will, kann folgendes Experiment wagen:[18] Räumen Sie Ihren kompletten Kleiderschrank aus, wirklich alles, und legen Sie sämtliche Kleidung an einen Ort, z. B. auf Ihr Bett. Holen Sie sämtliche Kleidung von sämtlichen Orten in der Wohnung, also auch Jacken und Mäntel von der Garderobe oder wenn Sie Kleidung im Keller oder auf dem Dachboden gelagert haben. Auf diesem Weg haben Sie einmal Ihren kompletten Kleidungsbestand vor Augen. Sie werden staunen, welcher Berg sich vor Ihnen auftürmt. Um welchen Anteil soll dieser Berg reduziert werden?

Egal, ob Sie sich Fach für Fach vornehmen oder den ganzen Schrank ausgeräumt haben, entscheiden Sie für jedes einzelne Kleidungsstück, ob Sie es wieder einräumen möchten. Fragen Sie sich: Mag ich es wirklich? Fühle ich mich darin wohl? Werde ich es gerne tragen? Sortieren Sie alte, abgetragene, löchrige oder fleckige Kleidung großzügig aus und geben Sie sie in den Altkleidercontainer oder in den Müll. Falls Sie ein paar dieser Kleidungsstücke noch als Arbeitskleidung aufbewahren möchten, dann beschränken Sie sich auf eine ganz geringe Anzahl. Überlegen Sie genau, wie oft Sie diese tragen werden. In die Verschenkkiste sollten nur die Sachen, die noch schön, fleckenfrei und ganz sind.

Tipps zum Einsortieren des Kleiderschranks
Für Strümpfe eignet sich eine Schublade sehr gut oder eine hübsche Kiste, so dass die Strümpfe sich nicht ausufernd im Schrank verbreiten können. Slips stapeln sich ungefaltet sehr gut. Gefaltete Slips führen meist zu wackeligen Stapeln, die zum Umfallen neigen. Hemden und Blusen sollten am besten auf Bügel aufgehängt werden, weil sie so weniger zerknittern. Allerdings sollte die Kleiderstange nur so eng bestückt werden, dass sich die Bügel noch bewegen lassen und Sie gut an Ihre Sachen rankommen. Vielleicht kann das ja ein Ansporn sein, noch etwas mehr auszusortieren. Für Krawatten gibt es kleine, Platz sparende Bügel für jeweils mehrere Krawatten, und für Schals gibt es Hängevorrichtungen mit mehreren Kreisen, durch die die Schals durchgezogen werden.

Den Wohn- und Arbeitsbereich aufräumen

Für das Entrümpeln des Wohn- und Arbeitsbereichs habe ich exemplarisch einige Themen ausgewählt, die in den Gesprächen am Tauschmobil und in meinen Beratungen sehr häufig angesprochen werden.

Bücher: Das Archiv der geistigen Nahrung bereinigen
»Bücher kann ich nicht wegwerfen!« Das ist der häufigste Satz, den ich am Tauschmobil und in Gesprächen zum Thema Festhalten und Loslassen höre. Diese Haltung scheint so tief im menschlichen

Wesen verankert zu sein, dass ich mich schon gefragt habe, ob es ein Gen dafür gibt. Ein Buch wird nicht weggeworfen, beinah unterschiedslos, ob es als gut oder schlecht, als unterhaltend, spannend, interessant oder als langweilig oder unnütz empfunden wurde – natürlich bestätigen auch hier Ausnahmen die Regel. In Zeiten von Internetverkauf, Büchertauschboxen und Schenkläden ist das Loslassen für manche Menschen etwas leichter geworden. Aber ein Buch *wegzuwerfen*, das scheint für viele unmöglich zu sein.

Ich wurde neugierig und begann, nach den Gründen zu fragen. Dabei wurden folgende Themen häufig angesprochen: Bücher sind ein zentrales Element der Bildung. Bildung ist wiederum wesentliches Mittel für den Zugang zu Macht und Teilhabe. Es gab Zeiten, in denen Bildung europaweit dem Adel und dem Klerus vorbehalten war. Bücher waren kostbare Schätze und wurden von Mönchen in mühevoller Arbeit handschriftlich kopiert. Die breite Masse des Volkes jedoch hatte keinerlei Zugang zu Bildung und lebte wirtschaftlich und rechtlich in völliger Abhängigkeit der wenigen Mächtigen und Besitzenden. Bis heute sind der unterschiedliche Zugang zu Bildung sowie die Zensur in vielen Ländern weltweit Mittel, um Macht und Reichtum zu konzentrieren und andere Menschen davon auszuschließen. Auch in Deutschland gibt es laut OECD-Studien nach wie vor signifikante Unterschiede im Zugang zu Bildung, je nach der sozialen Herkunft der Kinder. So hat sich hierzulande der etwas unglückliche Begriff der »bildungsfernen Schichten« herausgebildet.

In den Gesprächen wurde zudem immer wieder an die Bücherverbrennung während des Dritten Reiches erinnert. Von weiblichen Ratsuchenden und Besucherinnen des Tauschmobils wurde darüber hinaus auf den langen Weg und den Kampf hingewiesen, bis Frauen Zugang zu Schulen und Universitäten bekamen. Insofern sind Bücher ein äußeres Symbol für die Errungenschaft der »Bildung für alle« und damit für gleiche Lebenschancen.

Bücher werden zudem von vielen Menschen als Mittel geistiger Freiheit geschätzt. Bücher geben neue Impulse, Perspektiven und Anregung. Sie erschließen fremde Lebenswelten und sind ein wahrer Schatz an Wissen, Erfahrung, Unterhaltung, Spannung und vielem mehr. Bücher nähren unseren Geist und regen uns dazu an, uns weiterzuentwickeln.

Meiner Erfahrung nach gilt das aber nicht für alle Bücher. Bücher können auch manipulieren, den Geist lähmen oder ganz einfach nur langweilig sein. Der lesende Mensch hat die Freiheit, selbst zu entscheiden, welche Bücher ihm gefallen und welche nicht. Ein als unnütz empfundenes Buch wegzuwerfen hat auch nichts mit Zensur zu tun. Zensur ist ein Mittel autoritärer staatlicher Institutionen, um dem eigenen Volk bestimmte Gedanken vorzuenthalten und um Kritiker einzuschüchtern. Demgegenüber wirft die Leserin, die ein Buch entsorgt, lediglich ein einzelnes Exemplar weg, das ihr nicht gefällt. Dies ist Ausdruck einer mündigen Haltung dem gegenüber, was von anderen Menschen geschrieben wurde.

Im Zusammenhang mit Büchern fällt oft der Begriff der Identität. Viele Menschen haben das Gefühl, dass ihre gesammelten Bücher ihre persönliche Geschichte und Identität enthalten. So sammeln sie alle Bücher, die sie als wichtig empfunden und die sie geprägt haben, die ihnen neue Welten eröffnet haben und die ihnen schöne Stunden bereitet haben. Das Bücherregal wird zur Schatzkiste der eigenen Vergangenheit und zugleich eine Art Referenz für Besucher:»Sieh her, all dies bin ich.«

Wer seine Bücherregale verkleinern möchte, wem es aber schwerfällt, sich von seinen geliebten Büchern zu trennen, kann sich vielleicht vor Augen führen, dass er die wesentlichen Gedanken dieser Bücher schon lange verinnerlicht hat. Nicht die Bücher sind unsere Identität, sondern unsere Gedanken und Gefühle, unsere Werte und unsere täglichen Handlungen machen uns aus. Und vor allem durch unsere Handlungen nehmen uns die anderen in unserer Identität wahr.

Ein weiterer Gedanke, der Sie vielleicht dazu motivieren kann, Ihre Bücher zu verleihen oder sie weiterzuverschenken: Ein Buch erfüllt genau in dem Moment seine Funktion, in dem es gelesen wird. Ein Buch, das im Regal steht, ist »totes Material« und verkommt zum Staubfänger. Indem Bücher weitergegeben und von anderen gelesen werden, bekommen sie ihren Wert zurück. Dadurch regt das Buch andere Menschen an, bringt sie zum Lachen, zum Nachdenken, versetzt sie in Spannung oder lässt sie mitfühlen.

Der nächste Geburtstag kommt bestimmt. Neue Bücher sind nach dem ersten Lesen immer noch so gut wie neu. Überwinden Sie das Gefühl, dass man nichts Gebrauchtes zum Geburtstag verschenken kann. Ein von Ihnen bereits gelesenes Buch können Sie ohne Skrupel beim nächsten anstehenden Geburtstag verschenken. Das hat den Vorteil, dass Sie genau wissen, was Sie verschenken. Das Buch ist von Ihnen persönlich auf Qualität geprüft.

»Ja, aber meine Lieblingsbücher kann ich doch nicht weggeben!«
– Müssen Sie auch gar nicht. Sie müssen überhaupt nichts, was Sie nicht möchten. Wer aber entrümpeln möchte, unterscheidet genauer, welche von den vielen Büchern, die er besitzt, tatsächlich »Lieblingsbücher« sind. Sind es wirklich alle 784 Bücher (oder auch 1465 Bücher), die in den Regalen stehen? Sind auch die Bücher »Lieblingsbücher«, die hinten in der zweiten Reihe stehen?

Mein Tipp: Räumen Sie Regal für Regal sämtliche Bücher aus, reinigen Sie das Regal und entscheiden Sie bei jedem Buch, ob es wieder einen Platz in Ihrem Regal bekommt. Macht es Sie glücklich, genau dieses Buch um sich zu haben? Bringt es Ihnen Freude?

Vielleicht nutzen Sie die Gelegenheit und überlegen: Welche Bücher sollten unbedingt von anderen noch gelesen werden? Welche Bücher möchten Sie in den Lesekreislauf geben und wem könnten Sie welches Buch schenken oder leihen?

Bei Sachliteratur könnten Sie sich auch fragen: Ist es mir heute noch nützlich? Sind die Informationen noch auf dem neuesten Stand bzw. zeitlos gültig? Interessiert mich das Thema heute noch? Auf welchem Wege könnte ich mir die Informationen wieder besorgen, wenn ich sie in Zukunft wieder bräuchte?

Machen Sie es auch mit diesem Ratgeber, den Sie gerade lesen, so: Wenn Ihnen das Buch bis zu dieser Stelle nicht gefallen und Ihnen keinerlei neue, hilfreiche Anregungen vermittelt hat, dann legen Sie es jetzt zur Seite. Sie müssen das Buch nicht zu Ende lesen! Geben Sie es weiter oder entsorgen Sie es. Haben Sie jedoch einige hilfreiche Ideen für sich gefunden, dann lesen Sie weiter und probieren Sie die Anregungen aus, die Ihnen hilfreich erscheinen.

Den Arbeitsplatz frei räumen

Menschen, die zu Hause auch beruflich am Schreibtisch tätig sind, empfehle ich, den Arbeitsplatz deutlich von anderen Lebensbereichen zu trennen, wenn möglich durch ein eigenes Arbeitszimmer oder aber durch einen klar definierten Bereich innerhalb Ihrer Wohnung. Aber auch allen anderen Menschen empfehle ich, ihre finanziellen und behördlichen Angelegenheiten und ihren Briefverkehr an einem festgelegten Ort zu erledigen und die Unterlagen dort zu sammeln und abzulegen. Eine Abgrenzung der Lebensbereiche hilft Ihnen, sich besser auf die jeweilige Aufgabe oder Situation einzulassen. Sind Sie an Ihrem Arbeitsplatz, wird es leichter sein, sich ganz auf Ihre anstehende Arbeit zu konzentrieren. Machen Sie eine Pause an Ihrem Wohlfühlort, kann sich Ihr Körper und Geist ganz auf Erholung einstellen und besser entspannen. Legen Sie sich schlafen, so finden Sie leichter in einen ruhigen Schlaf, wenn die Arbeit außer Sichtweite ist. Sollte die Trennung der Lebensbereiche aufgrund räumlicher Enge nicht so einfach möglich sein, können Raumteiler aller Art Abhilfe schaffen.

Die tägliche Post ist ein Faktor, der wesentlich zu den ausufernden Papierstapeln beiträgt. Hier empfehle ich sofortiges Aussortieren von unwichtigem Papiermaterial. Öffnen Sie Ihre Post wenn möglich umgehend, wenn Sie den Briefkasten geleert haben, und sortieren Sie sofort den Teil aus, der keine weitere Bedeutung hat. Das können allgemeine Werbeblätter, persönlich adressierte Werbebriefe oder Infobriefe sein. Ab in den Papiermüll! Damit ist ein Drittel Ihrer Post bereits erledigt und weg. Stellen Sie zwei Ablagefächer bereit, in die untere Ablage kommen alle Unterlagen, die Sie lediglich abheften wollen, in die obere kommt all das, was Sie noch bearbeiten oder mit Ihren Familienangehörigen besprechen wollen. Planen Sie einmal in der Woche einen kurzen, aber regelmäßigen Zeitpunkt ein, an dem Sie Ihre Post erledigen, Anfragen beantworten und Rechnungen bezahlen. Heften Sie am Ende alle erledigten Unterlagen ab, so dass beide Ablagefächer möglichst leer sind bzw. nur noch die Unterlagen vorhanden sind, deren Bearbeitung noch mehr Zeit braucht.

Überlegen Sie genau, was Sie wirklich abheften müssen; nicht alle Unterlagen und Briefe müssen aufbewahrt werden. Genießen

Sie es auch, wenn Sie erledigte Post in den Papiermüll werfen können.

Für die Arbeit am Schreibtisch sollte ausreichend Platz vorhanden sein, d. h. eine freie Fläche lediglich in der Größe eines DIN-A4-Blattes ist zu klein. Schaffen Sie sich Raum, so dass Sie bei der Schreibarbeit »beweglich« sind und sich nicht einengen.

Das bedeutet, dass sich auf und im Schreibtisch nur Dinge befinden sollten, die für die eigentliche Arbeit am Schreibtisch benötigt werden. Zeitschriften, Kleidung, persönliche Briefsammlungen und Andenken, schmutziges Geschirr und der Rasierapparat gehören in aller Regel nicht dazu. Gehen Sie auch mit Dekorationsartikeln und Bildern sehr sparsam um. All diese Dinge nehmen viel Platz weg und lenken Sie womöglich von Ihrer Aufgabe ab.

Gut erreichbar sollte Ihr häufig genutztes Arbeitsmaterial sein: ein paar wenige Schreibutensilien vielleicht in einem Behältnis auf dem Schreibtisch, alle anderen Dinge in den Schubfächern des Schreibtisches. Ordner, die Sie sehr häufig benutzen, sollten möglichst so nah an Ihrem Arbeitsplatz aufgestellt sein, dass Sie sie mit einem Handgriff erreichen und nach Gebrauch mit einem Handgriff wieder an ihren Platz zurückstellen können. Richten Sie Ihren Platz so »mühelos« wie möglich ein und bauen Sie alle Hürden ab, die die Bewältigung Ihrer Aufgaben erschweren.

Nutzen Sie Ihre Entrümpelungsaktion, um Ihr gesamtes Arbeitsmaterial auf Funktionsfähigkeit zu überprüfen. Probieren Sie beispielsweise einmal alle Stifte durch. Werfen Sie alle kaputten weg, Sie haben sich schon oft genug über sie geärgert. Behalten Sie nur die, mit denen Sie gerne schreiben. Ihr Lieblingstaschenrechner ist kaputt? Vielleicht haben Sie ja schon einen neuen Taschenrechner gekauft, werfen Sie also Ihren ehemaligen Lieblingstaschenrechner weg, denn er funktioniert einfach nicht mehr. Sollten Sie noch keinen neuen gekauft haben, nehmen Sie sich einmal kurz Zeit, darüber nachzudenken, was Ihren Lieblingstaschenrechner ausmacht. Dadurch können Sie einen neuen, gleichwertigen kaufen, den Sie ebenso wertschätzen werden, anstatt unbedacht irgendeinen zu kaufen, der vielleicht günstig ist, aber nicht wirklich Ihren Wünschen entspricht.

Ordner, die Sie regelmäßig nutzen, sollten in einem guten Zustand sein und sich gut öffnen und schließen lassen. Hier lohnt es sich, auch mal einen alten Ordner zu ersetzen. Beschriften Sie die Ordner vollständig und gut lesbar. Sind die Beschriftungen schon mehrfach geändert, können neue Etiketten für neue Frische und Klarheit sorgen. Wählen Sie beim Kauf neuer Ordner eine Farbe, die Ihnen gefällt, die Sie positiv stimmt. Überlegen Sie, ob Sie die Ordner in einer einheitlichen Farbe kaufen, so dass sie eine ruhige Atmosphäre vermitteln, oder ob Sie eher bunte Abwechslung mögen.

Entrümpeln Sie großzügig bei Ihren alten Schul-, Ausbildungs-, Studien- oder Seminarunterlagen. Viele Menschen haben große Schwierigkeiten, diese Art von Unterlagen zu entrümpeln, denn in diesen stecken viel eigener Schweiß und Energie, und die Unterlagen werden als Teil der eigenen beruflichen Identität empfunden. Außerdem könnte man sie ja noch gebrauchen. Das Problem ist, dass die Unterlagen im beruflichen Alltag in der Regel nie genutzt werden, denn sie sind viel zu unübersichtlich. Sie wurden nach didaktischen Prinzipien zusammengestellt – im beruflichen Alltag jedoch ist zumeist ein Fachbuch, das nach inhaltlichen Kriterien aufgebaut ist, sehr viel praktischer und nützlicher. Ein weiteres Problem ist, dass viele Unterlagen bald veraltet sind, es gibt laufend neue Fachliteratur. Wissen, Theorien und Methoden entwickeln sich weiter und verändern sich. Bringen Sie sich bei Bedarf durch neue Literatur auf den aktuellen Stand. Bibliotheken bergen Schätze an Wissen und das Internet ermöglicht einen unendlichen Fundus an Information, schnell und einfach.

Darüber hinaus gibt es Menschen, die einen unausgesprochenen Anspruch an sich selbst haben, alles einmal Gelernte für immer erinnern zu wollen: »Ich darf nichts vergessen.« Die gesammelten Unterlagen scheinen demzufolge wie eine Art Absicherung, notfalls könnte man ja noch mal nachschlagen. Sollte Sie das betreffen, dann erlauben Sie sich, vieles vergessen zu dürfen, und vertrauen Sie darauf, dass Sie das Wesentliche schon lange verinnerlicht haben. Auch hier gilt: Entlasten Sie Ihr Gedächtnis und nutzen Sie bei Bedarf Bibliotheken.

Sollten Sie beruflich selbst unterrichten oder Kurse anbieten, so durchforsten Sie auch Ihre eigenen Unterlagen. Vielleicht finden

Sie darin einige Arbeitsblätter, die Sie längst nicht mehr nutzen und von denen Sie wissen, dass Sie sie nie mehr nutzen werden. Sortieren Sie aus, was überholt ist. Auch bei diesen Dingen fällt den meisten Menschen das Wegwerfen schwer, weil sie sich daran erinnern, wie viel Arbeit und Mühe sie in das Erstellen dieser Arbeitsmaterialien gesteckt haben. Aber ist das Grund genug, sie heute noch als Staubfänger aufzubewahren und kostbaren Lebensraum dafür zur Verfügung zu stellen?

Briefsammlungen, Andenken und persönliche Erinnerungsstücke lichten

Nicht wenige Menschen besitzen eine recht große Sammlung von persönlichen Briefen. Unzählige Briefe von der besten Freundin oder dem besten Freund zu Schulzeiten, Briefe und Karten von ehemaligen Lebenspartnern oder -partnerinnen, Briefe von der Familie und Freunden, insbesondere wenn es längere Abwesenheitsphasen durch Auslandsaufenthalte oder durch Wegzug gab, sowie Briefe und Karten zu Geburtstagen und anderen Feiertagen. Wenn Sie Ihre Briefsammlung reduzieren möchten, empfehle ich Ihnen folgende Kriterien:

Bewahren Sie von Ihrer besten Freundin oder Ihrem besten Freund aus Ihrer Jugendzeit nur zwei oder drei Briefe auf, die für Ihre damalige Korrespondenz typisch waren oder die Sie besonders mögen. So bewahren Sie in diesen wenigen Briefen symbolisch Ihre Erinnerung an Ihre damalige Freundschaft.

Wählen Sie auch bei Briefen von Freunden und Familienangehörigen, die während Abwesenheitsphasen geschrieben wurden, nur einzelne aus, die Ihnen besonders am Herzen liegen.

Sortieren Sie sämtliche Briefe und Karten von Menschen aus, die Ihnen in Ihrer Vergangenheit nicht gutgetan haben und an die Sie sich nur ungern erinnern. Das Wegwerfen dieser Briefe ist auch ein Akt der Bereinigung und Befreiung.

Bei Briefen von früheren Lebenspartnerinnen und -partnern wählen Sie sehr achtsam aus, welche Sie noch aufbewahren möchten. Vielleicht kann das Aussortieren alter Liebespost auch dabei helfen, frühere Partner bzw. Partnerinnen loszulassen und in Ihrer heutigen Beziehung oder Ihrem momentanen Leben als Single anzukommen.

Bewahren Sie ein paar ausgewählte erste Schreibversuche, Geburtstagskarten und Briefe Ihrer Kinder auf. Vielleicht heften Sie diese in einen schönen Ordner und gesellen ein paar Exemplare von den selbst gemalten Bildern Ihrer Kinder dazu. So haben Sie später einen kleinen persönlichen Schatz, über den Sie gemeinsam mit Ihren Kindern schmunzeln können.

Glückwunsch-, Weihnachts- und Ansichtskarten sind in aller Regel nicht für die Ewigkeit geschrieben, sondern ein Gruß in diesem Moment, eine Karte, um Sie daran zu erinnern, dass der andere an Sie denkt. Vielleicht gibt es einzelne darunter, die Ihnen besonders wertvoll sind und die Sie unbedingt aufbewahren möchten. Alle anderen sollten Sie großzügig aussortieren.

Dieser letzte Punkt kann Ihnen auch dabei helfen, nicht weiter unzählige Ansichtskarten anzusammeln. In dem Moment, wo eine Postkarte Sie erreicht und Sie sie lesen, hat sie ihre Funktion erfüllt. Besonders schöne Karten können vielleicht noch für eine gewisse Zeit für dekorative Zwecke genutzt werden – um dann wieder neuen Karten Platz zu machen.

Wenn Sie Ihre Briefsammlung verkleinert haben und mit der Anzahl von ausgewählten Briefen zufrieden sind, geben Sie diesen einen guten Platz. Vielleicht besorgen Sie sich eine schöne Kiste, in der Sie Ihre wichtigen Briefe aufbewahren.

Mit anderen Andenken und Erinnerungsstücken empfehle ich ein ähnliches Vorgehen: Trennen Sie sich zuerst und vollständig von allen Erinnerungsstücken, die Sie als belastend empfinden, sei es, dass sie Sie an Menschen erinnern, die Ihnen nicht gutgetan haben, oder sei es, dass Sie die Gegenstände nur aus freundschaftlicher Solidarität aufbewahren. Erinnern Sie sich hier an das Unterkapitel »Ein Geschenk kann ich doch nicht einfach wegwerfen!‹ – Der Umgang mit Geschenken« und die Übung »Ungeliebte Geschenke von geliebten Menschen verabschieden«.

Auf der anderen Seite gibt es diejenigen Andenken, mit denen Sie eindeutig angenehme und positive Erfahrungen, Gefühle und Erinnerungen verbinden. Wenn Sie deren Bestand verringern wollen, weil es in ihrer Summe einfach zu viele sind, können Sie auch hier einzelne Stücke auswählen, die eine Phase Ihres Lebens oder die Erinnerung an einen Menschen symbolisch bewahren. Aber auch hier empfehle ich: Seien Sie eher sparsam mit den Dingen, die Sie aufbewahren. Vertrauen Sie darauf, dass Sie Ihre Erfahrungen schon lange verinnerlicht haben. Vielleicht gestalten Sie für die wichtigen Andenken, die Sie aufbewahren wollen, eine schöne »Schatzkiste«. Pflegen Sie Ihre Schätze gut und genießen Sie die Freude, die Sie Ihnen bereiten.

Eine ehemalige Horterzieherin erzählte mir zu einer Sammlung von Geschenken und Briefchen ihrer ehemaligen Hortkinder folgende Geschichte: »Wenn es mir mal nicht so gut geht, schaue ich mir diese Zettel an, die mir die Kinder geschrieben haben. Die sind so süß geschrieben, da freue ich mich jedes Mal darüber. Das tut mir gut. Ich erinnere mich dann an dieses Kind und die jeweilige Situation. Das ist schön.«

Dekoration und Bilder achtsam einsetzen

Im Laufe der Jahre sammeln sich in vielen Haushalten mehr und mehr Bilder an den Wänden und Dekorationsobjekte in den Ecken und Regalen an. In der Masse verlieren die Bilder jedoch ihre Wirkung und werden nicht mehr einzeln wahrgenommen und geschätzt. Und kleine, schöne Dekorationsartikel verlieren ihre Besonderheit, wenn sehr viel dekoriert wird. Experimentieren Sie einmal damit, sämtliche Bilder abzuhängen. Wie wirkt der Raum ohne Bilder? Wählen Sie nur ein paar wenige aus, die Sie aufhängen wollen. Welche Wirkung haben die ausgewählten Bilder nun?

Versuchen Sie auch einmal, in den verschiedenen Räumen zu variieren. In welchem Raum soll die Wand lebendig und anregungsreich sein, in welchem Raum wünschen Sie sich eine ruhige Atmosphäre und weniger Ablenkung durch Bilder?

Dasselbe können Sie mit anderen Dekorationsartikeln ausprobieren. Gibt es Teile, die bereits seit Jahren am gleichen Platz stehen? Bei welchen von ihnen ist es an der Zeit, sie zu entfernen? Daneben mag es Dinge geben, die Sie nicht mögen, weil Sie sie lediglich aus Pflichtgefühl aufgestellt haben. Diese könnten ebenfalls im ersten Durchgang aussortiert und in Ihre Verschenkkiste oder auch in den Müll gebracht werden. Und schon gibt es etwas Luft in Ihren Regalen und auf dem Fensterbrett.

Oder wagen Sie es einmal, gleich alle Dekoartikel auf einmal zu entfernen und nur noch einzelne, ausgewählte neu aufzustellen. Lassen Sie ruhig etwas Platz für die Zukunft. Ganz sicher werden Ihnen wieder neue schöne Dinge begegnen oder geschenkt werden. Sie werden sich umso mehr freuen, wenn Sie dann einen freien Platz dafür finden.

Dieses Vorgehen, alles auf einmal abzuräumen und ganz neu zu entscheiden, was Sie aufstellen möchten, ist auch immer dann sinnvoll, wenn Ihnen alles in Ihrer Wohnung als »zu voll« erscheint. Viele offen herumstehende Einzelteile haben optisch eine sehr starke Wirkung. So kann eine Wohnung unaufgeräumt wirken, obwohl die meisten Teile an ihrem zugedachten Platz stehen. Demgegenüber können ein leeres Fensterbrett oder ein Sideboard, das nur mit ein oder zwei Artikeln dekoriert wurde, ein Gefühl von Ruhe vermitteln und dem Raum eine aufgeräumte Note geben.

Dachboden und Keller entrümpeln

Wer sich zum umfassenden Entrümpeln entschlossen hat, wird in Keller, Dachboden, Garage oder anderweitigen Lagerflächen womöglich enormes Entrümpelungspotenzial finden. Oftmals lagern hier Dinge, die schon aussortiert wurden, deren komplette Entsorgung aber noch nicht übers Herz gebracht wurde. Hier ist der Hort all der schönen Dinge, die noch »zu gut zum Wegwerfen« sind oder die man vielleicht ja noch irgendwann gebrauchen könnte. Keller, Dachboden, Garage und Lagerflächen sind bei vielen eine Art von »Sicherheitszone«. Hier wird »sicherheitshalber« noch aufbewahrt, was eigentlich schon Vergangenheit ist. Die Gegenstände werden nicht wirklich entsorgt, sie werden aber auch nie mehr in den eigenen Lebenskreislauf zurückgeführt.

Während wir die einzelnen Elemente in den vielen gelagerten Kisten, Tüten, Regalen und Schränken zu großen Teilen vergessen, bleibt vor allem ein Bewusstsein für die gelagerte Masse und die Enge an diesen Orten. Manche Menschen überkommt ein leichtes

Schaudern, wenn sie an ihren Keller denken. Diese Masse im Keller kann sich sehr belastend auf das persönliche Befinden auswirken. Nicht umsonst spricht man von der »Leiche im Keller«. Das großzügige Entrümpeln kann hier eine richtige Befreiungsaktion sein.

Vielleicht nehmen Sie sich jemanden Außenstehenden zu Hilfe, der Ihnen bei Entscheidungen, was zum Sperrmüll gehört, helfen kann und der auch praktisch mit anpackt.

Was aber gehört tatsächlich in den Keller bzw. auf den Dachboden? Meines Erachtens sind das Gegenstände mit folgenden Merkmalen:

- Gegenstände, die nur in einer bestimmten Jahreszeit genutzt werden, wie z. B. Winter- und Sommerreifen, der Gartenpavillon, die Skiausrüstung, die Kühlbox für das Picknick, Schnorchel und Flossen oder, falls es die Luftfeuchtigkeit erlaubt, Sommer- bzw. Winterkleidung,
- Gegenstände, die nur selten genutzt werden wie z. B. großes Werkzeug (Bohrmaschine), der Fahrradständer für das Auto, die große Haushaltsleiter oder Malutensilien,
- einsatzfähige Gästefahrräder,
- Kleidung und Spielsachen, die vom älteren Kind für das nachkommende aufbewahrt werden,
- ggf. eine begrenzte Auswahl an Arbeitsmaterialien, entsprechend der handwerklichen Aktivität der Haushaltsmitglieder.

Sicherlich ist diese Liste nicht vollständig. Überprüfen Sie aber sehr genau, ob die Lagerung bestimmter Gegenstände in Ihrem Keller oder Dachboden notwendig und nützlich ist. Alle Gegenstände, die Sie dort lagern, sollten funktionsfähig und jederzeit einsetzbar sein, so dass sich keine Lagerstelle für Altmetall oder Elektroschrott bildet. Außerdem sollten alle gelagerten Dinge gut zugänglich sein, damit Sie sie bei Bedarf tatsächlich nutzen können.

Folgende Fragen können beim Entrümpeln des Kellers helfen: »Was trägt der Gegenstand heute noch Positives zu meinem Leben bei? In welcher Weise bereichert der Gegenstand mein heutiges Leben?«

Womöglich gibt es Kisten, die Sie unbesehen, ohne jeden einzelnen Gegenstand zu betrachten, weggeben können. Das könnten beispielsweise sogenannte Flohmarktkisten sein. Sollten diese schon seit geraumer Zeit im Keller oder auf dem Dachboden lagern, ohne dass Sie es geschafft haben, an einem Flohmarkt teilzunehmen, könnten diese Kisten jetzt zum nächsten Schenkladen gebracht werden. Vielleicht haben Sie auch viele große Gegenstände, Möbel, alte, kaputte Fahrräder, eingetrocknete Farbeimer, Bildschirme und kaputte Drucker im Keller stehen. Rufen Sie für diese Dinge die Sperrmüllabfuhr, so sparen Sie Ihre wertvolle Energie für andere Aufgaben.

Genießen Sie es, wenn in Ihrem Keller freier Raum entsteht und Sie nicht mehr lange suchen müssen, um die Sachen, die Sie tatsächlich benutzen, zu finden.

Umsichtiger Umgang mit elektronischen Daten

Im Bereich der elektronischen Daten macht die technische Entwicklung in immer kürzeren Abständen geradezu Quantensprünge: Der reale Raum, den die Speicherung von Daten in Anspruch nimmt, wird von Tag zu Tag kleiner. Gleichzeitig steigt das mögliche Speichervolumen exorbitant. Immer kleinere Chips umfassen immer größere Datenmengen.[19] Der Preis selbst für gigantische Speicherplätze fällt kaum mehr ins Gewicht. Dazu ermöglicht das Internet mit unterschiedlichsten Foren und Plattformen, sich alle denkbaren Daten entweder kostenlos oder kostengünstig zu besorgen und downzuloaden. Dies ist der optimale Nährboden für riesige Ansammlungen, die kaum mehr Grenzen kennen. Wie kann unser Gehirn bei dieser Masse von Daten noch Ordnung halten?

Die Allverfügbarkeit von elektronischen Gütern weckt leicht Gier. Wir wollen MEHR – ohne noch zu unterscheiden, was wir wirklich wollen, was uns tatsächlich interessiert und was nicht. Umgekehrt kann bei Menschen, die die elektronischen Medien nicht oder wenig nutzen, das Gefühl entstehen, etwas zu verpassen.

Hier lohnt es sich, einen Moment innezuhalten und sich die Frage zu erlauben: Was macht mich wirklich glücklich? Welche Lieder und Interpreten höre ich tatsächlich und mit Freude? Trauen Sie sich, all die Lieder zu löschen, auf die das nicht zutrifft. Welche

Filme waren spannend, interessant, lustig oder berührend und welche davon möchten Sie gerne wieder einmal anschauen? – Alle anderen können weg.

Ein weiterer Bereich, der zur Ansammlung von Daten einlädt, ist die digitale Fotografie. Sie ermöglicht eine ungehemmte Bilderflut, ohne dass der Mensch an Kosten denken müsste. Wo zu analogen Zeiten eher abgewogen wurde, was fotografiert wurde, und der analoge Film die Anzahl der Bilder begrenzte, sind die Speichermedien heute schier unbegrenzt. Nur wenn die Speicherkarte voll ist und die Fotos auf den PC geladen werden müssen, schleicht sich die Unmenge von Bildern für einen Moment in unser Bewusstsein. Doch je größer die Speicherkarten werden, desto seltener wird dies passieren. Wo früher ein Motiv einmal fotografiert wurde, wird dieses heute mindestens dreimal fotografiert, um sicherzustellen, dass das Motiv auch wirklich gut getroffen wurde. Trotz der möglichen direkten Bildansicht, werden die weniger guten Bilder meist nicht sofort gelöscht, sondern ungefiltert mit auf die Festplatte gezogen, wo sie für unbestimmte Zeit liegen. Wo so etwas passiert, fehlt der Moment der Beurteilung und Entscheidung: Welche Fotos mag ich gerne? Welche Fotos sind mir gut gelungen? Welche wecken positive Erinnerungen? Wer sich nach dem Urlaub einen Moment Zeit nimmt und eine Auswahl trifft, wird später viel eher die Bilder wieder anschauen und sich daran erfreuen.

Unüberschaubare Ansammlungen gibt es häufig auch bei Computerdateien wie Briefen oder Arbeitspapieren: Nicht jeder Brief, der in der Vergangenheit geschrieben wurde, ist so wichtig, dass er aufgehoben werden muss. Auch hier kann unterschieden werden, welche Briefe heute noch eine Relevanz besitzen oder noch nützlich sein können – und welche nicht. Ein Beispiel: Der Brief an die Krankenkasse zur Kostenerstattung des Fitnesskurses hat, nachdem das Geld überwiesen wurde, keine Funktion mehr. Allerdings kann es sinnvoll sein, die letzte Version dieses Briefes auf dem PC zu speichern, um sie im neuen Jahr als Briefvorlage wieder zu benutzen. Alle alten Briefe können getrost gelöscht werden.

Legen Sie auf Ihrem PC aussagekräftige Ordner an, in die Sie sämtliche Dateien einsortieren. Halten Sie den Ordner »Sonstiges« so klein wie möglich. Löschen Sie dabei alle alten, unnützen Dateien, auch sie sind Gerümpel. Das ist einmalig viel Arbeit, wird Ihnen aber später viel Zeit ersparen und Ihr Leben erleichtern.

Ein großer Bereich unfassbarer Datenmassen ist das Internet. In Zeiten von Twitter, Blogs, Clouds, Facebook sowie anderen virtuellen Kommunikationsplattformen und sozialen Netzwerken ist die Rolle der einzelnen User in diesen Netzwerken bedeutsam. Wie viele Daten produziert jeder Einzelne und beglückt damit seine »Freunde«? Wie viele Kommentare, Informationen, Bilder, Blogeinträge, Posts, Likes oder Links verschickt der einzelne User wöchentlich, täglich, stündlich, minütlich? Jeder, der sich in diesen Foren und Netzwerken beteiligt, ist sowohl Sender als auch Empfänger, Produzent und Konsument. Jeder trägt zur Datenflut der anderen bei und ist zugleich Adressat von Datenmassen. Wo begrifflich nicht unterschieden wird zwischen Freunden, Bekannten und entfernten Bekannten, wo über den nivellierenden Begriff »Freunde« alle Kontakte gleichermaßen wichtig und nah erscheinen, besteht die Gefahr, sich allzu offenherzig allen gleichermaßen mitzuteilen und damit Massen an Datenmüll zu erhalten und selbst zu produzieren. Die datenschutzrechtliche Problematik dieser virtuellen Netzwerke sei hier nur erwähnt, da sie in den Medien bereits vielfach diskutiert wurde.

Jeder User ist gefordert, achtsam mit seinen Daten umzugehen. Wem erlaube ich den Zugriff auf welche Daten, welche Informationen sind für wen wichtig, wer soll was warum von mir wissen? Wie viele Posts verschicke ich und wer hat wirklich Interesse an welcher meiner Mitteilungen? Wie schaffe ich Qualität in meinen Mitteilungen statt bloße Quantität? Gerade in den virtuellen Netzwerken muss der Einzelne, der nicht in den Massen an Datenmüll versinken und selbst keinen Datenmüll produzieren will, lernen zu unterscheiden, zu filtern, auszuwählen und einzugrenzen.

Meine persönliche Ordnung dauerhaft erhalten – 10 Tipps für einen übersichtlichen Haushalt

Sie haben nun einiges entsorgt, anderes aufgeräumt und sind ganz zufrieden mit dem Ergebnis. Ein paar Tage später entdecken Sie schon wieder erste Türmchen von Dingen, die da nicht hingehören. Mit einer einmaligen Entrümpelungsaktion ist es also nicht getan. Wer seine persönliche Ordnung, in der er sich wohl fühlt, einmal gefunden hat, ist auch weiterhin herausgefordert, diese Ordnung zu erhalten. Selbstverständlich macht es Sinn, die Entrümpelungsaktion einmal im Jahr zu wiederholen. Sie werden sich wundern, was sich in einem Jahr so alles an neuem »Zuviel« ansammeln kann. Oft sind das Dinge, die Sie schon lange besitzen, bei denen Sie beim ersten Entrümpeln noch dachten, Sie bräuchten sie unbedingt. Und nach einem Jahr stellen Sie fest, dass Sie diese Gegenstände seitdem nie mehr benutzt haben.

Im Alltag gibt es aber noch mehr, was Sie tun können, um allzu schnelle neue Ansammlungen zu vermeiden. Viele dieser Ideen, die ich im Folgenden beschreibe, sind mit einer kleinen Veränderung von Gewohnheiten verbunden. Durch kleine Veränderungen in alltäglichen Handlungen kann langfristig eine spürbare Wirkung erzielt werden.

1. *Vorsicht bei Spontankäufen, Sonderangeboten und Schnäppchen*
    Unsere heutige Warenwelt ist eine große Verführung. Nicht nur entsteht ein Supermarkt neben dem anderen, mittlerweile führen sämtliche Supermärkte und Discounter ein großes Angebot an ständig wechselnden Artikeln zu scheinbar oder tatsächlich günstigen Preisen. Das »Tchibo-Prinzip« hat sich durchgesetzt. Anstelle des geplanten Kaufs eines Produkts, das wir wirklich brauchen, wird uns während des Lebensmitteleinkaufs nebenbei vermittelt, was wir außerdem noch zu unserem Lebensglück zu brauchen haben. Das Angebot soll die Nachfrage erzeugen. Wir werden verleitet und überrumpelt, Dinge zu kaufen, die wir gar nicht wollten, die wir schon besitzen oder die zwar günstig, aber qualitativ kurzlebig sind. Dasselbe gilt für die Sonderangebotskisten, die bei den Warteschlangen vor der Kasse aufgestellt werden, und für die sogenannten Schnäppchenmärkte. Im Kleidungssektor wurde das Schlussverkaufsprinzip gelockert, so dass nun neben Sommer- und Winterschlussverkauf das ganze Jahr über Schlussverkaufs- und Schnäppchenaktionen angeboten werden können.

Gerade im Kleidungssektor wird für diese Schlussverkaufsaktionen oft massenweise Billigware minderer Qualität zu günstigen Preisen angeboten, um den Käufer zum spontanen Kauf zu ermuntern.

Bei all diesen Spontankäufen, Sonderangeboten und Schnäppchen rate ich zu besonderer Vorsicht. Ich empfehle Ihnen, es sich bei diesen Angeboten anzugewöhnen, immer kurz innezuhalten, bevor Sie das Produkt in Ihren Einkaufskorb legen. Nehmen Sie sich einen Moment Zeit: Wann und wie werde ich den Gegenstand nutzen? Werde ich mich auch morgen noch über ihn freuen? Auch eine qualitative Prüfung des Produktes braucht einen Moment Zeit: Wie wird das T-Shirt nach dreimaligem Waschen aussehen? Welche Lebensdauer traue ich dem Billigtoaster zu?

Gerade bei scheinbaren Schnäppchen lohnt sich eine Rechnung oftmals besonders: Wie viel spare ich wirklich? Wird mir der Gegenstand genauso lange nützlich sein wie ein vergleichbarer zum Normalpreis? Was kann dieser Gegenstand, was meine bisherigen derselben Sorte nicht können? Was macht das Besondere an ihm aus? Diese Überlegungen helfen, unnütze Käufe zu vermeiden, die in ihrer Summe viel Geld kosten und manchmal auch Ärger verursachen, und den Zufluss an neuen Dingen in Ihren Haushalt etwas zu verlangsamen. Jedes Stück, das Sie nicht kaufen, ist ein Stück weniger, um das Sie sich kümmern müssen.

Spontankäufe können durchaus auch sehr erfolgreich sein. Immer wieder geschieht es, dass einem ein Produkt ins Auge fällt und man spontan zugreift, obwohl man gar nicht beabsichtigt hatte einzukaufen. Und manchmal werden genau diese Stücke zu Lieblingsstücken. Die Lieblingshose, die man am liebsten gar nicht mehr ablegen möchte, oder die Lieblingsschuhe, die einfach perfekt passen. Freuen Sie sich auch weiterhin an diesen Schätzen. Schnäppchen wie diese werden Ihre kurze Prüfung sicherlich auch in Zukunft überstehen und Eingang in Ihren Besitz finden.

2. *Plastiktüten ablehnen*

Besitzen Sie eine Plastiktütensammlung? Wie viele Tüten sind es? Nehmen Sie sich ruhig die Zeit, sie einmal genau zu zählen. Zählen Sie auch die umweltfreundlichen Stoffbeutel mit, die sich darunter befinden. Was genau machen Sie mit diesen Tüten und Beuteln? Wie viele davon haben Sie bereits mehrfach benutzt und wie viele nur ein einziges Mal, vom Laden bis nach Hause? »Ja, aber die kann ich doch wiederverwenden!« – Genau. Verwenden Sie die Plastiktüten und Stoffbeutel, die Sie schon besitzen, wieder. Lassen Sie sich erst dann wieder eine Plastiktüte geben, wenn Sie Ihre Sammlung zu großen Teilen aufgebraucht haben. Wie oft können Sie eine Plastiktüte wiederverwenden? Wie lange also wird Ihre Sammlung vermutlich halten, bevor Sie sich Gedanken um neue Plastiktüten machen müssen?

Meine Empfehlung: Deponieren Sie in allen Taschen, ob Handtasche, Arbeitstasche oder Rucksack, eine Plastiktüte oder einen Stoffbeutel aus Ihrer Sammlung, so dass Sie jederzeit auf dem Nachhauseweg einkaufen gehen können, ohne eine neue Plastiktüte annehmen zu müssen. Nehmen Sie zu jedem Kleidungskauf eine zusätzliche Tüte aus Ihrer Sammlung mit und wagen Sie es, den automatisierten Bezahl- und Einpackablauf der Verkäufer und Verkäuferinnen zu unterbrechen, indem Sie ihnen schnell zurufen: »Ich brauche keine Tüte!« Sie werden sehen, das ist gar nicht so leicht angesichts ihrer Routine und Schnelligkeit. Das erfordert richtig Übung und Beharrlichkeit.

Ihr Gewinn ist dafür ein doppelter: Ihre Plastiktütensammmlung wird im Laufe der Jahre kleiner und braucht weniger Platz und Sie schonen die Umwelt in erheblichem Maße.

3. *Den Haushalt wenig spezialisieren*

Vereinfachen Sie Ihren Haushalt und vermeiden Sie den Kauf von Spezialmitteln oder Spezialgeräten, wo immer es Ihnen möglich scheint. Das betrifft Kosmetikartikel jeglicher Art, Putzmittel, Gewürze, Haushaltsgeräte und -utensilien oder auch Werkzeug. Die Industrie hat großes Interesse daran, uns immer speziellere Produkte für alle Fälle des Lebens anzupreisen und zu verkaufen, da sie damit sehr viel Geld verdient. Sie schafft durch ihr Angebot und mittels gezielter Werbung (scheinbare) Bedürfnisse, die uns zum Kauf verführen sollen. Es liegt an uns, ob wir dabei mitspielen.

Je spezialisierter ein Haushalt bestückt ist, desto mehr Gegenstände müssen aufbewahrt, verstaut, arrangiert, aufgeräumt und umgeräumt werden. Je einfacher ein Haushalt ausgestattet ist, desto weniger Platz brauchen die Gegenstände, desto übersichtlicher werden die Schränke und desto weniger Zeit benötigt das Aufräumen und Putzen. Ich frage mich beispielsweise: Was kann ein Badreiniger besser als ein Allzweckreiniger?

Natürlich gibt es Situationen oder Umstände, bei denen eine Spezialisierung durchaus Vorteile mit sich bringt. Wenn jemand sehr gerne und viel kocht, dann kann eine Vielfalt an Geräten oder Kochutensilien das Kochen erleichtern. Oder das Kochen macht mehr Freude, weil mehr ausprobiert und experimentiert werden kann. Wer handwerkliche Arbeiten gerne und regelmäßig macht, freut sich, wenn er die Arbeit genauer oder besser erledigen kann, weil er das spezielle Werkzeug dafür hat. Mir persönlich reicht jedoch eine kleine Werkzeugkiste mit ein paar wesentlichen Grundwerkzeugen darin. Die Bohrmaschine leihe ich mir bei Freunden. Und für schwierigere Projekte frage ich andere um Hilfe, die handwerklich geschickter sind. Diese besitzen meist auch das spezielle Werkzeug dafür und können damit umgehen.

Wer sein Leben vereinfachen und weniger Zeit mit Suchen, Verstauen und Aufräumen verbringen möchte, könnte also mit folgender »Brille« durch die eigene Wohnung wandern: Wo kann ich meine Ausstattung vereinfachen? Wo besitze ich eine große Vielfalt von einer Sache, die ich nicht wirklich benötige? Welches Mittel oder welches Gerät nutze ich nur sehr selten? Mit welchen anderen Utensilien könnte ich diese Aufgaben erledigen, wenn ich mich von diesem Gegenstand trennen würde?

4. *Kein Weg umsonst*
Oftmals wird das Aufräumen aufgeschoben, weil es so mühsam und aufwendig erscheint. Viele Dinge lassen sich jedoch ganz nebenbei, ohne zusätzlichen Aufwand aufräumen. Beim Gang vom Wohnzimmer in die Küche kann schmutziges Geschirr oder der leere Joghurtbecher mitgenommen werden. Beim Gang vom Schlafzimmer ins Bad wird die dreckige Wäsche mitgenommen und im Vorbeigehen in den Wäschekorb geworfen. Je mehr Sie es sich angewöhnen, keinen Weg »umsonst« zu machen, desto weniger sammelt sich auf Couchtisch, Nachtisch, Arbeitsplatz oder auf der Kommode an, was da nicht hingehört. Bevor Sie also von einem Ort in der Wohnung zum nächsten wechseln, schauen Sie sich kurz um, ob Sie sofort etwas mitnehmen und auf dem Weg wegräumen oder entsorgen können.

5. *Die 2-Minuten-Regel*[20]
Diese Regel kann für Menschen hilfreich sein, die dazu neigen, Aufgaben aufzuschieben und sich lange Listen zu schreiben, was es noch alles zu erledigen gibt. Wenn auf diesem Weg immer längere »To-do-Listen« entstehen, die allein schon bei ihrem Anblick entmutigen, dann empfehle ich Ihnen, folgende Regel auszuprobieren:

Erledigen Sie alles sofort, was Sie innerhalb von zwei Minuten erledigen können.

Bevor Sie also eine weitere Aufgabe zu Ihrer Liste hinzufügen, überlegen Sie kurz, ob Sie die Aufgabe nicht auch gleich innerhalb von zwei Minuten erledigen könnten. Sie halten dadurch Ihre »To-do-Liste« klein und überschaubar und sorgen für kleine Erfolgserlebnisse in Ihrem Alltag.

6. *Kaputte Geräte sofort reparieren oder entsorgen*
Der Toaster, die Kaffeemaschine, das Diktiergerät, das Fahrrad oder die Küchenlampe gehen kaputt – was tun? Ab in den Keller zu den anderen kaputten Geräten, die Sie noch reparie-

ren wollten? Falls Sie jedoch ein (Elektro-)Schrottlager in Keller oder Abstellkammer vermeiden möchten, empfehle ich Ihnen auch hier eine Sofortstrategie:

Planen Sie bei Geräten oder Gegenständen, die Sie selbst reparieren möchten, sofort einen Termin für die Reparatur in Ihrem Terminkalender ein. Sollten Sie keinen Termin finden, so überlegen Sie, wer es für Sie reparieren könnte.

Sollten Sie sich dazu entschließen, einen Freund um Hilfe zu bitten oder die Reparatur im Fachgeschäft in Auftrag zu geben, dann überlegen Sie sogleich, wen Sie anfragen oder beauftragen möchten, und rufen Sie umgehend an, um einen Termin zu vereinbaren.

Alle kaputten Geräte oder Gegenstände, die bei dieser Sofortstrategie durchfallen, sollten umgehend fachgerecht entsorgt bzw. weggeworfen werden.

7. *Sich Kleinkramschublade und Zeitungsstapelecke gönnen*
Erlauben Sie sich ein oder zwei Orte in Ihrer Wohnung, wo sich der alltägliche Krimskrams, bei dem man nicht weiß, wohin damit, ansammeln darf oder wo sich Zeitungen und Zeitschriften ein paar Tage lang stapeln dürfen, bevor sie aussortiert werden. Das kann beispielsweise eine Krimskramsschublade, ein Korb oder ein Ablagefach sein. Im Wohnzimmer könnte es eine Zeitungen-/Zeitschriftenecke geben.

Wählen Sie jeweils einen klar abgrenzbaren Bereich dafür aus und halten Sie diese Orte klein. Spätestens, wenn die Krimkramsschublade voll ist, sollten Sie sich die Zeit nehmen, die Sachen wieder wegzuräumen. Beginnen Sie keine zweite oder dritte Krimskramsschublade.

8. *Für jeden Gegenstand einen festen Platz schaffen*
Gegenstände, die einen festen Ort in der Wohnung haben, den alle kennen und nutzen, machen uns das Leben leichter: kein unnötiges Suchen, kein ständiges Aufräumen und womöglich weniger Konflikte mit anderen Familienangehörigen, die durch die Unordnung, das Suchen oder die dabei entstehende Hektik genervt sind (»Hast du zufällig meinen Schlüssel

gesehen? Nein? Ich muss sofort los, ich kann ihn aber nicht finden ...«). Ein Schlüssel, der am Schlüsselbrett hängt oder im Korb neben der Eingangstür liegt, bringt ganz unbemerkt Leichtigkeit in den Alltag.

Gegenstände, die keinen festen Platz haben, neigen außerdem dazu, sich überall da niederzulassen, wo sich ein freies Plätzchen findet. Sie haben also gerade die Fensterbank aufgeräumt oder die Arbeitsplatte in der Küche leer geräumt – und schon scheinen diese eine regelrechte Sogwirkung auf alle möglichen Dinge zu auszuüben: Kulis, leere Schlüsselanhänger, Werbegeschenke, die Sonnenbrille, Flyer, die leere Schachtel vom neuen Handy oder die angebrochene Bonbontüte. Und bereits nach kurzer Zeit scheint alle Mühe des Aufräumens umsonst gewesen zu sein und die schöne freie Fläche ist zugewuchert.

Meine Empfehlung ist deshalb: Weisen Sie möglichst allen Gegenständen, die Sie besitzen, einen festen Platz in Ihrer Wohnung zu und gewöhnen Sie sich an, diesen konsequent zu nutzen. Das kann auch bedeuten, sich einmal intensiver damit zu beschäftigen, weil es häufig mehrere Dinge gibt, bei denen man nicht so richtig weiß, wohin damit. Sie könnten Sie sich beispielsweise ein paar Tage lang im Alltag beobachten und alle Gegenstände, bei denen Ihnen auffällt, dass sie keinen richtigen Platz haben, auf einer Liste notieren. Das können Flyer sein, die Sie hin und wieder einstecken, Werbegeschenke (falls Sie diese überhaupt noch an- und mit nach Hause nehmen), Taschen, Kugelschreiber, die tägliche Post, der Notizblock etc.

Überlegen Sie im nächsten Schritt, wo in Ihrer Wohnung diese aufgelisteten Gegenstände ihre feste Heimat finden sollen. Wo können Sie Ihre Kugelschreiber aufbewahren, so dass sie schnell erreichbar sind? Wo brauchen Sie welchen Gegenstand am häufigsten?

Weisen Sie jedem Gegenstand einen festen Platz zu. Möglicherweise müssen Sie bei dieser Gelegenheit noch einmal etwas aussortieren, damit Sie für Ihre wichtigen Dinge Platz schaffen können. Am Ende sollten nicht mehr viele Dinge auf der Liste stehen, die sich partout nicht in Ihren Haushalt einsortieren lassen. Vielleicht wandern noch ein paar kleine Dinge in die Krimskramsschublade, der Rest aber sollte einen guten festen Platz bekommen haben.

9. *Sich mit leeren Flächen anfreunden*
Wer es gewohnt war, in einem übermäßigen Überfluss zu leben und von allen Seiten eng von seinen Besitztümern umgeben zu sein, für den kann es nach einer umfassenden Entrümpelungsaktion schwierig sein, sich an die leeren Flächen in der Wohnung zu gewöhnen. Unser Empfinden ist stark von unseren Gewohnheiten geprägt. Eine leere Fensterbank oder ein leer geräumter Couchtisch kann durchaus Unbehagen verursachen – um dieses Unbehagen zu vermeiden, werden schnell wieder Dinge abgestellt und angesammelt, bis die vertraute »Ordnung« wiederhergestellt ist.

Wenn Sie also entrümpelt und Ihre Besitztümer verkleinert haben, versuchen Sie, diese neuen Lücken und leeren Flächen in Ihrer Wohnung einen Moment lang auszuhalten, sich an sie zu gewöhnen und sich mit ihnen anzufreunden. Beobachten Sie sich, vermutlich ändert sich nach einer gewissen Zeit Ihr Empfinden. Vielleicht finden Sie Gefallen daran, dass Sie nun Platz zum Durchatmen haben. Oder Sie bemerken, dass Sie weniger Zeit mit Aufräumen verbringen, und fühlen sich entspannter. Geben Sie sich etwas Zeit für die Umgewöhnung.

10. *Erfolge feiern*
Genießen Sie nach einer Entrümpelungsaktion Ihren Erfolg und würdigen Sie ihn. Vielleicht laden Sie Ihre Helfer und Helferinnen oder ein paar Freunde ein und feiern ein Fest. Freuen Sie sich, dass Sie nun Platz für Ihre Gäste haben.

Auch kleinere Aufräum- und Entsorgungserfolge darf man würdigen. Sie könnten ein Foto vom aufgeräumten Schrank oder von der gemütlichen Sofaecke machen. Kleben Sie ein paar Fotos in Ihr Entrümpelungstagebuch. Oder schreiben Sie ein paar Worte über Ihr Werk und Ihre Freude darüber in Ihr Tagebuch.

5. Das Entrümpeln immaterieller Lebensbereiche

Beim Begriff »Entrümpeln« denken die meisten Menschen zunächst an das Entrümpeln von Gegenständen. Dieses Wort vermittelt das Bild, dass etwas tatkräftig angepackt wird: Im Hauruckverfahren werden ganze Wohnungen leer geräumt und Mülltüten oder gar ganze Container mit Alltagsgegenständen wie Kleidung, Bücher, Möbel, Elektrogeräte etc. gefüllt und entsorgt. Wenn ich den Begriff »Entrümpeln« verwende, meine ich neben einem entschlossenen Zupacken aber auch eine sanftere Form des Loslassens und Weggebens. Es geht um ein Ausloten, Prüfen und gezieltes Entscheiden vor dem Hintergrund der Fragen: »Wie will ich leben? Und was brauche ich dafür wirklich?«

In den letzten Kapiteln habe ich dabei den Fokus auf die konkreten Dinge des Alltags gerichtet. Diese Fragen können jedoch für sämtliche Lebensbereiche herangezogen werden, um ein mögliches »Zuviel« aufzuspüren. Sie helfen auch, in den immateriellen Lebensbereichen zu erkennen, was wir unnötig angesammelt haben und eigentlich loslassen möchten. Das kann ein »Zuviel« an Aktivitäten sein, die in ihrer Gesamtheit Stress verursachen, oder ein »Zuviel« an Beziehungen, die gepflegt werden, obwohl sie einem nicht guttun. Es können lang gehegte Gewohnheiten sein, die den Lebensfluss begrenzen, oder ein Zuviel an alten Denkmustern, die einengen.

In den folgenden Kapiteln werde ich auf diese Lebensbereiche eingehen und aufzeigen, inwiefern die Idee des Entrümpelns und Loslassens auch hier anwendbar ist. Das Loslassen als Lebenskunst zu pflegen, bedeutet, gerade auch unseren inneren Kompass neu auszurichten und auf diese Weise unser Leben umfassend zu entlasten.

Lebensstil und Aktivitäten der eigenen Lebensenergie anpassen

Eine Frau, die meist nur kurz beim Tauschmobil vorbeischaute und selten länger verweilte, machte oft einen viel beschäftigten Eindruck. Darauf angesprochen, schüttete sie ihr Herz aus:»Ja, ich habe immer das Gefühl, mir läuft die Zeit weg. Mein Tag hat einfach zu wenige Stunden.« Auf die Rückfrage, was ihre Zeit denn so in Anspruch nehme, antwortete sie:»Ich habe eine 30-Stunden-Woche in meinem Beruf. Daneben hüte ich regelmäßig das Kind meiner Tochter. Diese arbeitet in Teilzeit. In letzter Zeit war das Kind öfter krank, da bin ich dann ein paarmal zusätzlich eingesprungen. Und heute Nachmittag kümmere ich mich um meine Tante. Die lebt im Pflegeheim und freut sich immer über meinen Besuch. Sie hat ja sonst niemanden mehr, und es geht ihr gesundheitlich gar nicht gut. Vor kurzem musste sie ins Krankenhaus – das war ein Hin und Her! Dabei weiß die eine Hand manchmal nicht, was die andere tut. Da muss man genau aufpassen, dass alles gut läuft.

Zum Ausgleich mache ich ein- bis zweimal die Woche Yoga. Ich habe ein schönes Yoga-Zentrum gefunden, und das tut mir sehr gut. Allerdings planen die nun einen Tag der offenen Tür und haben in den Gruppen nachgefragt, wer mithelfen könnte. Jetzt fühle ich mich schon wieder verpflichtet, dort mitzumachen, obwohl ich eigentlich keine Zeit habe. Ich weiß gar nicht, was ich denen sagen soll.«

Das Thema Entrümpeln von Aktivitäten betrachte ich im Folgenden vor allem unter dem Zeitaspekt. Der Umgang mit Zeit und mit der eigenen Lebensenergie prägt den Lebensstil eines Menschen. Er zeigt unsere Haltung zum Leben, unsere Werte, Vorlieben und Abneigungen, unsere Ressourcen und Potenziale sowie wie wir uns in der Gesellschaft und in verschiedensten gesellschaftlichen Gruppen verorten. Wer beispielsweise regelmäßig zum Sportverein geht oder im Musikverein spielt, wer (bezahlt oder ehrenamtlich) arbeiten geht oder Unterschriften für den nächsten Bürgerentscheid sammelt, füllt eine soziale Rolle aus und gestaltet das gesellschaftliche Zusammenleben mit. Durch das Miteinander in der Gruppe lernt der Einzelne viel über sich selbst. Die anderen spiegeln ihm sein Verhalten wider und vervollständigen immer wieder sein Bild über sich selbst. Mittels ihrer Aktivitäten erleben und erweitern Menschen ihre Fähigkeiten und bekommen oftmals Anerkennung für ihr Handeln, sei es bei der Arbeit, bei künstlerischen Tätigkeiten, ehrenamtlichem Engagement oder bei sportlichen Leistungen.

Unsere Aktivitäten sind also wichtig für unser Leben in der Gemeinschaft. Außerdem sind sie ganz einfach Ausdruck unserer Lebenskraft. Sie entspringen aus der Lust am Leben und spenden zugleich Lebensfreude und neue Lebensenergie. In unserer Bewegung und unserem Handeln spüren wir uns selbst als lebendige Wesen.

Für unser Wohlbefinden ist es maßgeblich, dass die gewählten Aktivitäten zu uns, unserem Wesen, unserer Energie und unserem Lebensrhythmus passen. Dies betrifft sowohl die Art der Aktivitäten als auch ihren zeitlichen Umfang und ihre Einbettung in unseren Alltag. Das erfordert einen bewussten Umgang mit der eigenen Zeit, ein Abwägen und Auswählen der Aktivitäten. Man muss sich dabei immer wieder entscheiden: Was ist mir jetzt wichtig? Was tut mir gut? Eine achtsame Zeitplanung, die Ruhezeiten und Erholungsphasen berücksichtigt, wird die Lebensfreude langfristig stärken. Wird dies versäumt, entsteht womöglich bald das Gefühl, abgehetzt zu sein und unter Druck zu stehen.

»Eigentlich würde ich gerne mehr Sport treiben. Beim Sport kann ich wahnsinnig gut abschalten. Aber ich komme einfach nicht dazu. Ich weiß nicht, warum das so schwierig ist.«

Stress mag es immer mal wieder geben. Solange diese Phasen von Ruhelosigkeit und übermäßiger Aktivität nur kurze Zeit andauern, haben sie keine gravierenden Auswirkungen, sie können im Gegenteil auch anregend sein und uns zu Höchstleistungen motivieren. Wenn sie jedoch zur Regel werden, wenn die Stressphasen immer wiederkehren oder gar nicht enden wollen, besteht die Gefahr, dass sie gesundheitliche Beeinträchtigungen mit sich bringen. Dann verkehrt sich die gute Absicht, nämlich durch die Aktivitäten Lebensfreude zu gewinnen und aktiv am gesellschaftlichen Leben teilzunehmen, womöglich in ihr Gegenteil. Zum Thema Burnout gibt es bereits sehr viel Literatur, weswegen ich es hier nicht weiter ausführen werde.[21]

Wenn Sie zu den Menschen gehören, die häufig das Gefühl haben, unter Zeitdruck zu stehen, die von Termin zu Termin hetzen und immer noch denken, sie würden nicht genug tun, oder die ganz häufig davon erzählen, dass sie »gerade« im Stress seien, dann könnten Sie sich jetzt einen Moment Zeit nehmen und innehalten. Jetzt.

Sie könnten den Kreislauf von Aktionismus und Stress für einen kurzen Moment unterbrechen. Jetzt.

Diesen Moment von Ruhe genießen. Vielleicht genüsslich seufzen und ausatmen.

Das war schon der erste Schritt zum Entrümpeln von Aktivitäten. Einfach mal kurz innehalten. Wer einen Schritt weitergehen und dafür etwas Zeit investieren möchte, kann folgende Übung durchführen:

Übung: Meinen Lebensrhythmus erkunden

Nehmen Sie das Entrümpelungstagebuch oder ein leeres Blatt Papier und schreiben Sie sämtliche Aktivitäten auf, die Sie üblicherweise im Laufe einer Woche durchführen. Zeichnen Sie dazu einen Wochenplan auf, in den Sie Ihre Aktivitäten eintragen. Führen Sie darin Ihre berufliche und ehrenamtliche Arbeit, die Hausarbeit und Familienarbeit auf. Nehmen Sie alle Sport- und Freizeitaktivitäten, kulturellen Aktivitäten, Treffen mit Freunden usw. mit auf. Notieren Sie auch die Dauer der jeweiligen Aktivitäten.

Mit diesem Wochenplan können Sie nun weiter experimentieren: Nutzen Sie ihn als Vorlage und bearbeiten Sie ihn nach Ihren Vorstellungen. Nehmen Sie bunte Stifte und markieren Sie beispielsweise Ihre Pausen mit einer bestimmten Farbe. Wie viele tauchen davon in der Woche auf? Wie groß sind die gekennzeichneten Pausenfelder? Machen Sie z. B. jeden Tag eine Mittagspause, in der Sie sich Zeit für das Mittagessen nehmen?

Markieren Sie mit einer anderen Farbe alle Aktivitäten, die Sie auf jeden Fall fortführen wollen und die auf gar keinen Fall fehlen dürfen, weil Sie Ihnen so viel Freude machen. Daneben gibt es vielleicht Aktivitäten, die Ihnen grau erscheinen, die noch nie so richtig gepasst haben und eher aus Gewohnheit oder Pflichtgefühl beibehalten wurden. Kennzeichnen Sie diese. Was gibt es noch, das Sie farblich sichtbar machen wollen?

Wenn Sie Ihren Wochenplan nach der farblichen Gestaltung betrachten, könnte es sein, dass Sie ein Muster darin entdecken. Lassen Sie den Wochenplan auf sich wirken. Was stellen Sie fest? Was beobachten Sie? Wie zufrieden sind Sie mit Ihrer Zeiteinteilung und Ihrem Lebensrhythmus?

Entrümpeln von Aktivitäten bedeutet, sich die einzelnen Tätigkeiten anzuschauen, sie zu gewichten, Prioritäten zu setzen und schließlich Entscheidungen zu treffen. Zu klären, ob es Aktivitäten gibt, die »zu viel« sind, die Energie rauben, Stress verursachen und einem nicht gut tun. Entrümpeln bedeutet, diese Aktivitäten, wenn sie trotzdem wichtig sind, so anzupassen, dass sie zu einem passen und die eigene Lebensenergie unterstützen. Das könnte bedeuten, sie etwas weniger häufig oder weniger lange zu tun oder sie entspannter und mit weniger Ehrgeiz anzugehen, z. B. statt fünf Runden nur noch vier Runden zu laufen und nicht der Schnellste der Gruppe sein müssen. Sollten Sie jedoch feststellen, dass die Stress verursachenden Aktivitäten keine größere Bedeutung (mehr) für Sie haben, könnten Sie sich dafür entscheiden, sie ab sofort gar nicht mehr zu tun.

Und die Welt dreht sich dennoch weiter, auch wenn Sie das jährliche Sportfest dieses Jahr nicht mit organisieren und auch keinen Kuchen dafür backen oder wenn Sie mit dem Fitnesskurs aufhören, falls Sie schon lange keine Freude mehr daran haben.

An manchen Stellen kann es bedeuten, die Erwartungen der Umwelt enttäuschen zu müssen. Wenn Sie bisher immer oder meist Ja gesagt haben, ist es nicht einfach, nun auch mal Nein zu sagen. Wenn Sie selbst viel Zufriedenheit daraus gewinnen, dass Sie als hilfsbereit und zuverlässig gelten, kann es zunächst schwierig sein, den vielleicht enttäuschten Reaktionen der anderen standzuhalten.

Langfristig lohnt sich dieser Weg aber, da Sie sich dadurch mehr Entscheidungsfreiheit zugestehen und achtsamer mit Ihren eigenen Bedürfnissen umgehen.

Handelt es sich bei den Aktivitäten, die als unbefriedigend erlebt werden, um die eigene berufliche Tätigkeit, ist das Loslassen meist sehr viel schwieriger, denn dies hätte weitreichende Konsequenzen. Hier ist ein achtsames Abwägen eine wesentliche Grundlage, um eine gute Entscheidung treffen zu können: Was kostet mich die tägliche Unzufriedenheit in meiner Arbeit an Energie und Lebensqualität? Was könnte ich selbst verändern, um die Arbeit mit mehr Zufriedenheit zu erledigen? Was würde dagegen ein Wechsel des Arbeitsplatzes an Konsequenzen mit sich bringen und wie viel an Energie fordern? Was wären die einzelnen Schritte, die ich tun müsste, um einen Arbeitsplatz zu finden, der mir mehr Freude macht?

»Ich denke immer, das geht schon noch, darauf kommt es auch nicht mehr an. Ich helfe ja auch gerne. Aber manchmal wird mir alles zu viel und ich würde mich am liebsten vergraben. Ich schaffe es einfach nicht, rechtzeitig zu stoppen und auch mal Nein zu sagen.«

Menschen, die sich dazu entscheiden, Ihren Arbeitsplatz zu wechseln, stellen sich den Konsequenzen und bündeln ihre Energie auf ihr neues Ziel, z. B. einen neuen Arbeitsplatz. Diejenigen, die sich für den Verbleib in ihrer Stelle entscheiden, fühlen sich nach dieser bewussten Entscheidung oft zufriedener. Sie haben sich für die damit verbundenen Konsequenzen entschieden und dabei vielleicht sogar entdeckt, dass sie selbst manche Dinge am Arbeitsplatz verbessern können.[22]

Beziehungen klären und loslassen

Ein Mann, der zum ersten Mal zum Tauschmobil kam, schaute sich neugierig um. Dabei entdeckte er den Flyer zur Entrümpelungsberatung und las darin. Nachdenklich meinte er dann:»Das hätte ich nicht erwartet, dass das Entrümpeln auch das Thema Beziehungen betrifft. Aber wenn ich so darüber nachdenke … Ich habe einen Freund, mit dem ich früher sehr viel unternommen habe, aber heute verbindet uns eigentlich nicht mehr viel. Unser Leben ist so unterschiedlich geworden. Ich kann mit dem, was er heute macht, eigentlich nicht mehr viel anfangen. Und umgekehrt ist das wohl ähnlich. Irgendwie habe ich schon lange keine wirkliche Lust mehr, ihn anzurufen oder ihn zu treffen. Aber dann ist da mein schlechtes Gewissen, und ich denke, ich müsste mich eigentlich mal wieder bei ihm melden. Aber vielleicht muss ich das ja gar nicht?«

Beziehungen sind elementarer Bestandteil des menschlichen Lebens. In seinen Beziehungen erlebt sich der Mensch als Mensch. Der gedankliche wie auch der emotionale Austausch mit anderen Menschen ist lebenswichtig für uns.

Wenn wir unser Beziehungsgeflecht näher anschauen, erkennen wir Unterschiede in unseren Beziehungen. Dies hängt mit unserem persönlichen Erleben und unseren Bewertungen zusammen. Wir stellen fest, dass wir in einigen Beziehungen leben, die uns Freude machen, die uns bereichern, anregen und stärken. Im Kontakt mit diesen Menschen fühlen wir uns wohl und lebendig, sind entspannt und aktiv. Wir spüren unsere Lebensenergie und entfalten unsere Potenziale und Fähigkeiten. Daneben unterhalten wir aber manchmal Beziehungen, die wir als belastend empfinden, die uns unsere Energie rauben oder Stress verursachen. Beziehungen, die möglicherweise von unerfüllbaren Erwartungen und Vorwürfen geprägt sind und in denen wir ständig das Gefühl haben, uns verteidigen oder rechtfertigen zu müssen. Der Vorwurf »Du hast dich ja schon ewig nicht gemeldet!« trifft auf unser eigenes Schuldgefühl, und so wird unsere Antwort, mit der wir den Vorwurf des anderen abwehren wollen, besonders heftig. Vielleicht unterhalte ich auch Beziehungen, in denen ich mich ausgenutzt fühle, wenn sich die Gespräche immer nur um die Probleme des anderen drehen und ich selbst kaum zu Wort komme und wenn ich nie nach meinem Befinden gefragt werde. Oder möglicherweise lebe ich sogar in Beziehungen, in denen ich immer wieder Abwertung und Gewalt erlebe.

Nehmen Sie sich einen Moment Zeit, sich mithilfe folgender Übung Ihr persönliches Beziehungsgeflecht zu betrachten:

Übung: Meine Beziehungen veranschaulichen und gewichten

Zeichnen Sie auf einem großen Blatt Papier in der Mitte einen Kreis für sich selbst. Zeichnen Sie nun weitere Kreise auf das Papier. Jeder von ihnen steht für eine Person, deren Namen Sie in den jeweiligen Kreis schreiben. Zeichnen Sie die Kreise der anderen so nah oder fern zu Ihrem Kreis, wie sie sich demjenigen gegenüber fühlen. Durch dieses Aufzeichnen Ihrer Beziehungen entsteht Ihr ganz persönliches Soziogramm, d. h. Ihr persönliches Beziehungsnetz wird sichtbar. Sie können alle Personen einzeichnen, die Ihnen wichtig sind.

Auch hier können Sie mit Farben noch weitere Informationen sichtbar machen und beispielsweise Ihre Gefühle zu den jeweiligen Personen farblich kennzeichnen. Sie könnten mit einer freundlichen Farbe die Kreise ausmalen, wenn Sie zu diesem Menschen eine gute, klare, stimmige Beziehung haben und sich freuen, wenn Sie an ihn denken. Mit einer anderen Farbe könnten Sie diejenigen Menschen kenntlich machen, mit denen Sie in Konflikt stehen, und mit noch einer anderen Farbe diejenigen, mit denen Sie zwar keinen Konflikt haben, bei denen Sie aber dennoch irgendwie unzufrieden oder unglücklich mit der Art des Kontaktes sind. Vielleicht gibt es Menschen, bei denen Sie sich sehr unsicher über Ihre gemeinsame Beziehung sind, dann bekommen diese eine weitere Farbe. Überlegen Sie dann, ob Sie noch weitere Kriterien haben, die Sie gerne in Ihrem Beziehungsnetz sichtbar machen würden, und zeichnen Sie diese mit ein.

Das Aufmalen und Veranschaulichen des Beziehungsnetzes kann dabei helfen, die eigenen Beziehungen bewusster und differenzierter wahrzunehmen. Indem Sie die Kreise unterschiedlich nah zu Ihrem eigenen Kreis gezeichnet und sie anschließend farblich gekennzeichnet haben, haben Sie bereits Unterschiede deutlich gemacht. In einem nächsten Schritt können Sie dann Ihre Beziehungen noch genauer erforschen, denn jede Beziehung ist individuell. Selbst wenn Sie zwei Menschen in Ihrem Beziehungsnetz mit derselben Farbe gekennzeichnet haben, können ganz unterschiedliche Bewertungen damit verbunden sein.

Dazu ein fiktives Beispiel: Andrea hat zwei Kreise mit der Farbe rot ausgemalt, die sie für das Thema Konflikt ausgewählt hat. Zwei Menschen, zwei Konflikte. Dennoch kann ihre persönliche Bewertung dieser beiden Beziehungen sehr unterschiedlich ausfallen. Es wäre möglich, dass die Beziehung zu ihrer Freundin Sonja schon länger in einem Konflikt steckt und sie beide schon mehrere Versuche der Klärung unternommen, aber keine Verständigung erreicht haben. Vielleicht ist der Wunsch nach Konfliktklärung auch nur einseitig oder von beiden gar nicht gewollt. Oder ist gar der Konflikt das eigentliche Thema, das die Beziehung bestimmt und zusammenhält?

Im anderen Fall, nennen wir die Freundin Heike, könnte es sein, dass Andrea und Heike eine langjährige freundschaftliche und wertschätzende Beziehung verbindet, dass sie aber jetzt gerade einen Konflikt haben, der noch nicht geklärt werden konnte. Andrea ist zuversichtlich, denn sie und Heike sind zwar öfter mal unterschiedlicher Meinung, haben es aber immer wieder geschafft, eine Lösung zu finden. Andrea findet es auch spannend, dass Heike manchmal so anders denkt als sie selbst. Mal sehen, was sie sich diesmal dabei gedacht hat …

Wenn ich im Zusammenhang des Entrümpelns über das Thema Beziehungen spreche, dann geht es mir in erster Linie um eine *Klärung* der Beziehungen. Das bedeutet zuallererst, sich der eigenen Gedanken und Gefühle zu bewusst zu werden und dann dort, wo es notwendig erscheint, auch mit dem anderen zusammen die Beziehung zu besprechen, zu bereinigen und eine neue, befriedigende Basis zu erarbeiten.

Bei manchen Menschen sind unsere Gefühle und persönlichen Bewertungen zu diesem Menschen sehr eindeutig positiv und klar. Wer ist das in Ihrem Beziehungsnetz? Nehmen Sie sich einen Moment Zeit und genießen Sie es, dass es Menschen in Ihrem Familien-, Freundes- und Bekanntenkreis gibt, die Sie vorbehaltlos gerne treffen, bei denen Sie sich lebendig, entspannt, geborgen, stark und vertraut fühlen.

Vielleicht gibt es auch Menschen in Ihrer Skizze, zu denen Sie eine ebenso klare Abneigung haben. Dann ist die Sache schon schwieriger, denn da Sie sie mit eingezeichnet haben, gibt es offensichtlich gute Gründe, warum Sie den Kontakt weiter aufrechterhalten.

Darüber hinaus entdecken Sie vielleicht Beziehungen, die nicht so eindeutig einzuordnen sind. Wenn Sie an diese Menschen denken, tauchen ganz widersprüchliche Gefühle auf, Gefühle von Zuneigung und Freude, aber auch Unsicherheit oder Ärger oder andere Gefühle, die Sie als unangenehm empfinden. Geben Sie all diesen Gefühlen ihren Raum, lassen Sie sie an die Oberfläche kommen und spüren Sie ihnen nach.

Wenn Sie sich Ihrer Gefühle bewusst sind und Ihre eindeutigen oder widersprüchlichen Empfindungen vielleicht sogar in Worte fassen können, kann es sein, dass Sie beschließen, an der einen oder anderen Beziehung etwas verändern und verbessern zu wollen. An dieser Stelle beginnt für viele Menschen die große Herausforderung: Wie soll ich es »Ich habe so viele Kontakte, das ist mir zu viel. Ich habe oft das Gefühl, ich müsste mich mal melden, komme aber nicht dazu. Das macht mir Stress. Wie viele Beziehungen kann ich überhaupt pflegen?« dem anderen bloß sagen? Viele scheuen sich, Freunden und Bekannten gegenüber Kritik zu äußern. Freundschaften sollen harmonisch sein, da ist kein Platz für Kritik. Dabei werden dann eher die eigenen Bedürfnisse verleugnet oder hintangestellt, bevor der oder die andere damit »behelligt« wird. Dem anderen nur nichts zumuten! Wenn Sie auch zu diesen Menschen gehören, möchte ich Sie an dieser Stelle ermutigen, sich dem anderen durchaus zuzumuten. Geben Sie dem anderen eine Chance, etwas zu verändern. Geben Sie sich *miteinander* die Chance, etwas zu verändern, denn Beziehung betrifft immer mindestens zwei Menschen, und beide haben Anteil an ihrer Gestaltung. Was denkt Ihr Gegenüber über Ihre Beziehung? Sprechen Sie miteinander darüber, wie Sie gemeinsam die bislang unbefriedigenden Anteile der Beziehung besser gestalten können. Ein derartiger Klärungsprozess kann einer Freundschaft eine neue Tiefe verleihen.

Wie man ein derartiges Gespräch am besten führt, geht über den Rahmen dieses Ratgebers hinaus. Zudem gibt es sehr viele Modelle für wertschätzende Kommunikation, die in Seminaren und

Büchern angeboten werden. Ein Modell, das ich an dieser Stelle empfehlen möchte ist die »Gewaltfreie Kommunikation« nach Marshall Rosenberg[23]. Das Modell der Gewaltfreien Kommunikation ermöglicht, über die eigenen verletzten Bedürfnisse zu sprechen und die Kritik am anderen sehr exakt auf einzelne Handlungen bezogen zu äußern. So bleiben eine wertschätzende Grundhaltung und der gegenseitige Respekt gewahrt.

In der Entrümpelungsberatung und am Tauschmobil begegnen mir oft Menschen, denen das Geben leichter fällt als das Annehmen. Im zwischenmenschlichen Bereich kann dies dazu führen, dass bei der oder dem Gebenden das Gefühl auftaucht, ausgenutzt zu werden, und die Beziehung ins Ungleichgewicht gerät. Sollten Sie dies bei sich entdecken, dann kann es sich lohnen, die eingefahrenen Rollen einmal bewusst aufzubrechen und damit zu beginnen, selbst anders zu handeln als gewohnt. Das können Sie beispielsweise tun, indem Sie den anderen bei einer Sache um Hilfe bitten oder indem Sie ein Gespräch folgendermaßen beginnen: »Es gibt etwas, das ich dir erzählen möchte, und ich bitte dich um deine Meinung / deinen Rat dazu.« Indem Sie einen Wunsch nach Hilfe äußern, geben Sie dem anderen die Chance, in diesem Moment der Helfende zu sein. Beziehungen, in denen sich die Rollen des Gebens und Nehmens abwechseln, können sich lebendiger entwickeln und führen oftmals auf beiden Seiten zu mehr Zufriedenheit.

Vielen Menschen fällt es sehr schwer, eine Bitte ganz direkt zu äußern, weil sie dem anderen nicht zur Last fallen möchten. Wir haben unendlich viele Formen gelernt, unsere Wünsche an andere versteckt zu formulieren, sie herunterzuspielen, sie zu tarnen, sie in umständliche Worte und Umschreibungen zu verpacken, ihre Konturen aufzuweichen, um nur ja nicht deutlich werden zu müssen. Dies führt zu Missverständnissen und dazu, dass der Wunsch vom anderen oftmals nicht erkannt wird. Manchmal fühlt sich der andere dabei auch manipuliert, ohne genau sagen zu können, warum.

Wer achtsam mit sich und seinen Bedürfnissen umgeht und die Rollen des Gebens und Nehmens mit seinem Gegenüber abwechseln möchte, sollte lernen, eine Bitte ganz klar und direkt als Bitte auszusprechen. Auf diese Weise kann der andere die Bitte als solche erkennen und genauso eindeutig darauf antworten. Eine Bitte sollte zudem so formuliert sein, dass sie ein Ja oder Nein erlaubt. Diese Freiheit zur Antwort ermöglicht dem Gegenüber eine klare Haltung und ein Abwägen seiner Möglichkeiten. Ein Beispiel: Anstatt im Gespräch nur vage anzudeuten, dass der Aufbau des neuen Schranks schwierig und kompliziert ist, und darauf zu hoffen, dass Ihre Bekannte von sich aus ihre Hilfe anbietet, könnten Sie sie ganz direkt fragen: »Ich will meinen neuen Schrank aufbauen und schaffe das nicht alleine. Könntest du mir dabei helfen?« Nun kann Ihre Bekannte abwägen, ob sie das möchte, ob sie sich dazu in der Lage fühlt und ob sie die nötige Zeit dafür hat. Vermutlich werden Sie eine klare Antwort auf Ihre Bitte erhalten.

Geben Sie dem anderen auch die Freiheit Nein zu sagen. Ein offenes Gespräch erlaubt, über die Gründe für ein Ja oder Nein zu sprechen, so dass mehr Verständnis füreinander erwachsen kann. Diese direkte Form der Kommunikation führt zu mehr Klarheit und Leichtigkeit in einer Beziehung.

Im Bereich der Beziehungen zu entrümpeln kann auch bedeuten, die eigenen Erwartungen an den anderen zu überprüfen und loszulassen. Unerfüllte Erwartungen an den anderen sind ein häufiger Grund für Unzufriedenheit in Beziehungen. Vielfach ändern sich die Lebensumstände von befreundeten Menschen, aber die Erwartungen an den Freund oder die Freundin entwickeln sich nicht immer im gleichen Maße mit. Dann kann es geschehen, dass bei einem von beiden das Gefühl von Unausgewogenheit oder Vernachlässigung entsteht. Jedoch bringt jeder Lebensabschnitt eigene Themen, Verantwortlichkeiten und Bedürfnisse mit sich. Dies wahrzunehmen und zu akzeptieren kann dabei helfen, Erwartungen an den anderen loszulassen, die dieser in seiner jetzigen Lebenssituation vielleicht gar nicht mehr erfüllen kann oder möchte. Gute Freundschaft heißt auch, von einem Freund nicht mehr zu erwarten, als er leisten kann. Im besten Fall kann die Veränderung in der Beziehung auch mit dem Freund oder der Freundin abgesprochen werden, so dass beiden Beteiligten die neue Basis der Beziehung klarer wird.

Nun gibt es aber auch Beziehungen, die sich trotz wiederholter Gespräche und Klärungsversuche nicht verbessern lassen. Und es gibt solche, bei denen Sie sich vielleicht schon länger heimlich gefragt haben: »Wieso treffe ich mich mit diesem Menschen überhaupt?« Das können Menschen sein, mit denen Sie in der Vergangenheit einmal eine wichtige gemeinsame Zeit hatten und mit denen Sie ein Stück persönliche Geschichte verbindet. Oder es sind Menschen, denen gegenüber Sie aus einem bestimmten Grund dankbar sind oder mit denen Sie aus reinem Pflichtgefühl Kontakt halten. Sie stellen fest, dass Sie sich heute gar nichts mehr zu sagen haben, weil Sie Welten trennen und Sie sich in völlig unterschiedliche Richtungen entwickelt haben. Sie realisieren vielleicht für sich, dass die Verpflichtung längst abgegolten ist oder dass Dankbarkeit als Hauptbeziehungsanlass auf die Dauer zu wenig ist.

Entrümpeln von Beziehungen bedeutet dann möglicherweise, die eine oder andere Beziehung zu beenden, sich von Menschen zu lösen und Abschied zu nehmen. Nehmen Sie sich die Freiheit loszulassen, sich neuen inneren Raum zu schaffen und Ihren Bedürfnissen zu folgen. Beenden Sie Beziehungen, die Ihre Lebensenergie einengen, und öffnen Sie sich für Menschen, die Ihnen heute guttun.

»Früher haben wir uns oft nach der Arbeit getroffen. Wir hatten eine schwierige Chefin und einen knallharten Auftraggeber, das verbindet. In meinem neuen Job ist das Arbeitsklima besser. Meine Exkollegen laden mich immer noch zu den Treffen ein. Aber ich gehe nicht mehr hin, meine Situation ist heute eine andere.«

Erlauben Sie sich, die Zahl Ihrer Freundschaften und Bekanntschaften zu reduzieren, wenn Sie mit der Kontaktpflege nicht mehr hinterherkommen. Vielleicht sind Sie im »Sozialstress«? Dann können nur Sie selbst dies ändern. Entscheiden Sie sich, welche Beziehungen Sie weiter pflegen wollen und welche nicht. Gerade in Beziehungen kann weniger manchmal sehr viel mehr bedeuten.

Auf das Thema der Lebenspartnerschaften möchte ich an dieser Stelle nicht näher eingehen, da dies zu weit führen würde. Zur Klärung einer unbefriedigenden Partnerschaftsbeziehung kann es sinnvoll sein, sich spezifische Ratgeber oder auch professionelle Paarberatung zu Hilfe zu nehmen, um zu einer Lösung oder einer Entscheidung zu kommen.

Ein Phänomen, das ich jedoch kurz erwähnen möchte, ist das Thema Expartner/-innen und deren stille Anwesenheit im weiteren Leben. Es kommt immer wieder vor, dass mir Menschen in meinen Beratungen oder am Tauschmobil davon erzählen, dass sie in ihrer Wohnung noch sehr persönliche Erinnerungsstücke eines Expartners bzw. einer Expartnerin hätten. Dann erzählen sie kurz von dieser früheren Beziehung und erwähnen, dass damals dies oder jenes viel besser gepasst habe als in der aktuellen Partnerschaft. Oft habe ich den Eindruck, dass dabei der frühere Partner in einer bestimmten Hinsicht idealisiert wird, so dass der heutige Partner im Vergleich schlecht wegkommt.

Die Unzufriedenheit in der aktuellen Partnerschaft hat jedoch wenig Chance auf Verbesserung, solange der frühere Partner gedanklich immer noch mit am Tisch sitzt und das Problem einseitig beim heutigen Partner gesehen wird. Wer auch hier entrümpeln und Klarheit in sein Leben bringen möchte, könnte sich daran erinnern, dass es damals Gründe für die Trennung gab, und sich innerlich noch einmal ganz bewusst vom früheren Partner verabschieden. Das Entfernen der persönlichen Erinnerungsstücke könnte hierbei als symbolischer und äußerlich sichtbarer Schritt unterstützend sein.

Gewohnheiten und Routinen verändern

Zwei Frauen suchten in den Kinderkleidungskisten nach Kleidung für ihre Enkelkinder. Dabei unterhielten sie sich über Ostern, das vor der Tür stand. Die eine erzählte:»Ich freue mich, dass meine drei Kinder mit ihren Familien am Ostersonntag zu mir kommen. Es ist so schön, wenn wir alle beisammen sind. Die Kleinen sind bezaubernd. Ich werde wohl wieder Würstchen und hausgemachten Kartoffelsalat machen. Für die Vegetarier muss ich mir noch etwas überlegen. Mit Tofu kenne ich mich gar nicht aus. Und für nachmittags werde ich zwei Kuchen backen. Irgendwas mit Obst, als Ausgleich für die vielen Schokoeier. Ich muss mal schauen, wie ich das alles schaffe, vielleicht backe ich die Kuchen schon zwei Tage vorher, und den Kartoffelsalat könnte ich am

Sonntagmorgen machen.« Da unterbrach die andere Frau sie und fragte:»Wie, deine erwachsenen Kinder kommen mit ihren Familien zu dir, und du allein organisierst die Rundumverpflegung für alle?« – »Ja«, antwortete die erste Frau,»so machen wir das schon immer. Und ich freue mich doch, wenn sie alle nach Hause kommen.« Da meinte ihre Gesprächspartnerin:»Na ja, Traditionen könnte man auch ändern. Deine Kinder sind heute alle erwachsen und haben selbst Familie. Frag sie doch mal, ob sie nicht etwas zum Essen beisteuern könnten. Der eine bringt den Kartoffelsalat mit und die anderen beiden machen die Kuchen. Und die Vegetarier bringen sich selbst etwas mit, das sie mögen.« – »Das hat meine Tochter letztes Jahr auch vorgeschlagen, aber das habe ich abgelehnt. Ich will es denen doch schön machen … Aber vielleicht hast du Recht, es ist schon alles sehr viel. Heute sind wir ja viel mehr als früher, als meine Kinder noch klein waren … Aber den Kartoffelsalat werde ich auf alle Fälle selbst machen.«

Menschen sind Gewohnheitstiere. Unser ganzes Leben besteht aus unzähligen Gewohnheiten und Routinen. Diese können als kleine Einheit wahrgenommen werden, wie z. B. das Zähneputzen, oder zu gewohnheitsmäßigen Abläufen verwoben sein, wie der gesamte Ablauf des morgendlichen Aufstehens, Duschens, Ankleidens und Frühstückens, bis das Haus verlassen wird. Oder gehört der Arbeitsweg noch mit dazu? Das Warten an der Haltestelle, das Besteigen des Busses, das Auspacken und Lesen der Zeitung, das Aussteigen und der Fußweg zum Arbeitsplatz. Wo hört die eine Gewohnheit auf, wo fängt die nächste an?

Ohne unsere Gewohnheiten und Routinen könnten wir vermutlich nicht überleben. Täglich aufs Neue müssten wir vor jedem Schritt, den wir tun, nachdenken, müssten wir unzählige Entscheidungen treffen und wären in jedem Moment, in dem wir etwas anders machen als am Tag zuvor, neuen Erfahrungen ausgesetzt, die wir in unser Erleben integrieren müssten. Nicht auszudenken!

Gewohnheiten, Routinen und vertraute Abläufe erleichtern uns das Leben also ungemein, sie geben uns Sicherheit und Stabilität sowie Verlässlichkeit im Umgang mit unseren Mitmenschen. Wenn ich in den Bus steige, kann ich mich in der Regel darauf verlassen, dass er in die gewünschte Richtung fährt und an der richtigen Haltestelle hält. Von der einen Freundin weiß ich, dass sie pünktlich zu unseren Verabredungen kommt, von der anderen, dass sie 15 Minuten zu spät sein wird. Mit ihr verabrede ich mich also gleich im Café.

Je enger die Beziehungen zwischen zwei Menschen sind, desto eingespielter sind in aller Regel die Gewohnheiten im Zusammenleben. Dies schafft eine große Vertrautheit im alltäglichen Umgang miteinander. Es birgt allerdings auch die Gefahr der Gleichförmigkeit und Monotonie. Sollte der eine Lebenspartner den Wunsch nach einer Veränderung haben, kann dies unter Umständen sehr schwierig werden, wenn der andere an den alten Gewohnheiten hängt und an ihnen festhalten will.

Während die meisten Gewohnheiten und Routinen uns helfen, den Alltag energiesparend und gut zu meistern, pflegen wir manchmal aber auch Gewohnheiten, die uns behindern oder sogar schaden, z. B. die Gewohnheit, immer ein paar Minuten zu spät aus dem Haus zu gehen und sich dann abhetzen zu müssen. Das sind Gewohnheiten, die uns Stress verursachen oder uns anderweitig unzufrieden machen. Auch hier kann das Entrümpeln sehr positive Wirkung erzeugen, indem die eigenen Routinen näher betrachtet werden und die eine oder andere unbefriedigende Gewohnheit schrittweise aufgelöst und verändert wird.

»Wenn ich mir neue Schuhe kaufe, ziehe ich meist nur noch diese an. Trotzdem kann ich mich nicht von meinen alten trennen. So haben sich im Flur und in der Abstellkammer Berge von Schuhen angesammelt, die ich nicht mehr trage. Eigentlich müsste ich nach jedem Schuhkauf ein altes Paar dafür weggeben.«

Was sind das nun für Gewohnheiten, die zu einem »Zuviel« in der Wohnung und zu übermäßigen Ansammlungen führen? Einige Beispiele finden Sie bereits in Kapitel 4, im Unterkapitel »Meine persönliche Ordnung dauerhaft erhalten – 10 Tipps für einen übersichtlichen Haushalt«. Dort habe ich einige dieser alltäglichen Gewohnheiten aufgegriffen und Möglichkeiten ihrer Veränderung aufgezeigt. Im Folgenden ein paar weitere Beispiele von alltäglichen und routinegewordenen Handlungen, die das Ansammeln von Gegenständen begünstigen:

Die Gewohnheit,

- alte Tageszeitungen auf dem Wohnzimmertisch oder dem Fußboden zu stapeln, anstatt sie täglich mit Ankunft der neuen Zeitung in den Papiermüll zu werfen,
- kaputte Gegenstände zu behalten und zu denken: »Die werde ich irgendwann mal reparieren«,
- sämtliche Kassenbons zu sammeln, ohne zu unterscheiden, welche aufgrund von Garantieansprüchen tatsächlich wichtig sein könnten und welche nicht,
- die Originalverpackungen sämtlicher elektrischer und elektronischer Geräte aufzubewahren,
- alle leeren Kartons in jeglicher Größe und Form aufzubewahren,
- neue Cremetuben zu öffnen, bevor die alten aufgebraucht sind, diese aber auch nicht zu entsorgen.

Diese Liste könnte nun unendlich fortgesetzt werden. Was sind Ihre eigenen ganz persönlichen Gewohnheiten, die dazu führen, dass es in Ihrer Wohnung ein »Zuviel« gibt?

Die oben genannten Beispiele beziehen sich auf Gewohnheiten, die das Ansammeln und Horten von Gegenständen in der Wohnung begünstigen. Das Entrümpeln von Gewohnheiten kann aber auch weiter gefasst werden. Wer seine Achtsamkeitsbrille aufsetzt, wird vielleicht noch andere Gewohnheiten bei sich entdecken, mit denen er regelmäßig seine eigenen Bedürfnisse ignoriert oder verletzt. Dazu ein paar Beispiele:

Die Gewohnheit,

- eine angefangene Arbeit immer zu Ende bringen zu wollen, auch wenn der eigene Akku schon lange leer ist und eine Pause dringend nötig wäre,
- unterschiedslos alles immer ganz exakt machen zu wollen, obwohl es manchmal gar nicht notwendig wäre,
- nach jeder Mahlzeit etwas Süßes zu essen und sich später darüber zu ärgern,

- sich die eigene Zeit so eng zu verplanen, dass keine Zeit zur Erholung und zum Nichtstun bleibt,
- beim Verteilen von Aufgaben immer sofort »Ich« zu rufen, ohne darüber nachzudenken, wer eigentlich dafür zuständig wäre oder ob nicht jemand anderes diese Aufgabe genauso gut oder gar besser erledigen könnte,
- sich beim Verteilen neuer Aufgaben zu drücken aus Angst, es nicht zu schaffen, sich dadurch aber auch die Chance zu nehmen, etwas Neues zu lernen und sich weiterzuentwickeln.

Auch diese Liste könnte um viele weitere Beispiele ergänzt werden. Gibt es auch in Ihrem Leben Gewohnheiten, die Sie regelmäßig unzufrieden machen oder mit denen Sie sich das Leben manchmal unnötig schwer machen?

Übung: Ungünstige Gewohnheiten erkennen und verändern

Gehen Sie in Gedanken Ihren Alltag durch und beobachten Sie Ihre alltäglichen Routinen:

Auf der äußeren Ebene: Welche Ihrer Gewohnheiten tragen dazu bei, dass sich in Ihrer Wohnung Ansammlungen bilden? Es können die unterschiedlichsten kleinen und unbemerkten, da eben gewohnheitsmäßig vollzogenen Handlungen sein, durch die Ihre Wohnung immer voller wird oder die immer wieder für Chaos in Ihren Sachen sorgen. Notieren Sie ein paar dieser Gewohnheiten in Ihrem Entrümpelungstagebuch.

Auf der inneren Ebene: Mit welchen Ihrer Gewohnheiten stehen Sie sich und Ihrem Lebensglück manchmal selbst im Wege? Mit welchen Alltagsroutinen machen Sie sich regelmäßig Stress? Welche Ihrer Gewohnheiten führen dazu, dass Sie Ihre innersten Wünsche und Bedürfnisse nicht leben? Schreiben Sie diese ebenfalls in Ihr Entrümpelungstagebuch.

Wählen Sie im nächsten Schritt *eine* dieser Gewohnheiten aus, von der Sie denken, dass Sie sie gerne ändern wollen. Sie könnten die auswählen, welche Sie am leichtesten ändern könnten, oder jene, bei der Sie mit wenig Aufwand den größten Effekt erzielen würden.

Schreiben Sie im nächsten Schritt auf, wie genau Sie die Gewohnheit ändern wollen. Was genau wollen Sie künftig anders machen? Bitte beschränken Sie sich nicht darauf, was Sie *nicht* mehr tun werden, sondern überlegen Sie die genauen Handlungen, die Sie *stattdessen* machen werden.

Ein Beispiel: Falls Sie sich über die vielen Werbeblätter in Ihrer Wohnung ärgern, dann planen Sie nicht nur, diese nicht mehr in die Wohnung mitzunehmen, sondern überlegen Sie genau, was Sie mit den Werbeblättern und -briefen machen wollen, z. B. »Ich entsorge sie immer sofort in die Papiermülltonne.«

Oder: Sollten Sie aufgeschrieben haben, dass Sie ab sofort nicht mehr ohne Unterbrechung bis zur Erschöpfung durcharbeiten wollen, dann überlegen Sie genau, wie Sie realistische Pausen in Ihren Alltag einbauen können. Wann machen Sie eine Pause und wie lange wird diese dauern? Wie können Sie in dieser Zeit Anfragen von außen abwehren bzw. aufschieben?

Gewohnheiten sind relativ stabile Gebilde in unserem Kopf. Unsere neuronale Vernetzung sorgt dafür, dass sie jederzeit, auch noch nach Jahren, verlässlich abrufbar sind. Das macht es umso schwerer, wenn man sie nun plötzlich ablegen will. Dazu reicht es in aller Regel nicht, sich einmal vorzunehmen, etwas nicht mehr zu tun. Vielmehr müssen sie absichtlich *ver-lernt* und es müssen neue, passendere Handlungen *er-lernt* werden. In aller Regel fällt es uns leichter, etwas zu verlernen, wenn wir wissen, was wir stattdessen tun können. Es gibt uns die Kontrolle über die Situation und hilft uns, Lösungen auszuprobieren und einzuüben. Wenn Sie also in der Übung eine alternative Handlung gefunden haben, mit der Sie Ihre Ansammlungen zu Hause reduzieren können, dann trainieren Sie sie täglich, bis sie zur neuen Gewohnheit wird.

Bei den Gewohnheiten, mit denen wir unsere inneren Bedürfnisse verletzen und ignorieren, verhält es sich noch etwas schwieriger. Diese Gewohnheiten sind in der Regel weniger offensichtlich und weniger greifbar. Wenn ich es z. B. gewohnt bin, mich mit großem Ehrgeiz ganz in meine Arbeit zu vertiefen und mich darin zu verlieren, ist es gar nicht so leicht, nun den Punkt zu spüren, wann eine Pause notwendig wäre. Es erfordert, ab und zu innezuhalten und eine neue Achtsamkeit für sich selbst einzuüben. Dies bedeutet beispielsweise, im Alltag Anzeichen von Ermüdung bei sich zu erkennen lernen, bevor der eigene Akku völlig leer ist. Es bedeutet, die eigenen Bedürfnisse wahrzunehmen und auch die eigenen Körpersignale ernst zu nehmen. Es könnte in dem oben genannten Beispiel auch bedeuten, sich mit seinem Ehrgeiz auseinanderzusetzen und die Grenze zu suchen, wo sich die positive Energie des Ehrgeizes umkehrt und sich selbstschädigend auswirkt. Aber auch hier unterstützen sich die äußere und innere Ebene gegenseitig. So kann eine ganz praktische, vorausschauende Pausenplanung dabei helfen, ein stimmiges Maß an Ehrgeiz zu finden, bei dem die eigene positive Energie gestärkt wird.

>>Ich hüte zweimal die Woche meine beiden Enkel, wenn meine Tochter und mein Schwiegersohn bei der Arbeit sind. Das war lange Zeit gut und ich habe es genossen, mit den beiden zu spielen. Aber mittlerweile fühle ich mich manchmal etwas überfordert. Ich bin nicht mehr so geduldig und ermüde schneller ...<<

Manchmal hilft auch ein Anstoß von außen, um, wie in der Geschichte zu Beginn des Kapitels, überhaupt zu realisieren, dass man sich vielleicht schon seit längerem überfordert. Wer sich dann eingesteht, dass eine Aufgabe auch auf anderem Wege und mithilfe anderer Menschen gelöst werden kann, erleichtert sich das Leben ungemein. Darüber hinaus kann es sein, dass eine Gewohnheit, die Sie belastet, auch andere Menschen betrifft, die bei ihrer Veränderung mitmachen müssten. Meine Empfehlung ist dann, offen miteinander zu sprechen und gemeinsam nach neuen Lösungen zu suchen, die das Leben leichter machen.

Gedankliche Bilder und Glaubenssätze auflösen und erneuern

In einem Gespräch zum Thema Festhalten und Loslassen erzählte eine Frau über sich selbst: >>Mir fällt es nicht nur im Äußeren schwer, irgendwelche Sachen loszulassen, ich kann auch innerlich nur sehr schwer entspannen. Ich habe das Gefühl, ich muss immer funktionieren. Und ich darf nur ja keine Fehler machen. Da ist ein permanentes Druckgefühl in mir. Ich arbeite im Krankenhaus, und viele von unseren Patienten sind schwer krank. Aber es ist so viel zu tun! Die Zeit reicht eigentlich nie aus, um die Arbeit in Ruhe zu machen und vielleicht auch mal ein paar Worte mit den Patienten zu wechseln. Trotzdem versuche ich, alles immer hundertprozentig zu erledigen. Wenn mir dann zu Hause einmal etwas einfällt, was ich vergessen oder falsch gemacht habe, bekomme ich das Gefühl, versagt zu haben. Dann rufe ich sofort bei der Arbeit an, damit das korrigiert werden kann, auch wenn es vielleicht nur eine Kleinigkeit war, die auch einen Tag später noch erledigt werden könnte. Ich fühle mich total erschöpft. Manchmal frage ich mich, wie lange ich das noch schaffe. Ich weiß schon, ich müsste etwas kürzertreten, aber ich kriege das nicht hin.«

Unsere Gedanken beeinflussen unsere Gefühle und unsere Handlungen. Die bloßen Gedanken an ein Ereignis setzen dieselben Empfindungen frei wie das tatsächliche Erleben des Ereignisses selbst. Wenn ich mir vorstelle, meinen Arbeitsplatz zu verlieren, und ich mir dies in allen Einzelheiten und mit allen Konsequenzen ausmale, breitet sich in mir dieselbe existenzielle Angst aus, wie wenn der Arbeitsplatzverlust real passieren würde. Erinnere ich mich an das wunderschöne Grillfest von letzter Woche mit ein paar guten Freunden, dann verspüre ich dieselbe Freude und Leichtigkeit noch einmal und fühle mich lebendig. Auch meine Handlungen werden davon beeinflusst, was ich denke und fühle: Während ich mich im ersten Fall eher still zurückziehen werde, weil mich die Angst beengt und lähmt, werde ich im zweiten Fall vielleicht einen dieser Freunde anrufen und mich mit ihm verabreden, weil ich das schöne Gefühl erneut erleben möchte.

Was wir über uns selbst denken, beeinflusst unsere Gefühle und Handlungen in ganz besonderem Maße. Wenn ich von mir denke, dass ich völlig chaotisch und unfähig bin, Ordnung zu halten, dann werde ich diese Überzeugung aufrechterhalten und beim Ordnungschaffen und Entrümpeln womöglich ganz schnell aufgeben. Darüber übersehe ich vielleicht, dass es in meiner Wohnung

Bereiche gibt, in denen mir die Ordnung gar nicht schwerfällt. Ich nehme gar nicht mehr wahr, dass in meinen Küchenschränken eine passable Ordnung herrscht, da sie mir ganz selbstverständlich vorkommt, sondern sehe nur das Chaos im Wohnzimmer und die gestapelten Unterlagen. Wenn ich von mir denke, dass ich ein »Messie« bin, dann verhalte ich mich so, wie ich mir einen »Messie« vorstelle. Ich enge mich selbst durch die Zuschreibung gedanklich ein und schränke infolgedessen auch meine Handlungsmöglichkeiten ein. Tatsächlich aber sind wir Menschen oft sehr viel widersprüchlicher, als uns bewusst ist. Oftmals tragen wir geheime Wünsche und Fähigkeiten in uns, die wir unterdrücken, weil sie nicht zu unserem Selbstbild passen. Was nicht sein darf, ist nicht.

>Ich bin völlig unstrukturiert, ich schaffe das nie, dass das weniger wird!«

Wer kennt ihn nicht, den inneren Kritiker, der uns wie ein kleiner Vogel auf der Schulter sitzt und uns ins Ohr flüstert? Der uns sagt, was »man« tut und was nicht. Der uns verlässlich sagt, was wir wieder falsch gemacht haben und wann wir uns schuldig fühlen sollten. Der uns schon im Vorhinein bescheinigt, dass wir etwas sowieso nicht schaffen und hinterher bekräftigt: »Ich hab's dir doch gesagt!« Ein kleiner Zeitgenosse mit großer Macht!

Durch den inneren Kritiker hören wir auch die Sätze unserer Eltern, mit denen wir aufgewachsen sind. Diese Zuschreibungen und Bewertungen aus unserer Kindheit haben wir in Form von gedanklichen Mustern gespeichert und bewahrt. Diese sogenannten Glaubenssätze haben eine ungeheure Macht, weil wir sie unhinterfragt übernehmen.[24] Sie sind unsere tiefsten Grundüberzeugungen

>Ich war schon immer derjenige, der sich um die anderen gekümmert hat. Ich musste schon früh meine Geschwister versorgen, weil meine Eltern gearbeitet haben und ich der Älteste war. Ich war auch ein bisschen stolz darauf. Bis heute fühle ich mich für vieles verantwortlich, wo andere wegschauen.«

über uns selbst, an denen wir nicht rütteln. Sie sind auch deshalb so machtvoll, weil sie uns zumeist gar nicht bewusst sind, sondern unser Denken, Fühlen und Handeln unbewusst beeinflussen.

153

Sogenannte Glaubenssätze oder Grundüberzeugungen können Sätze der folgenden Art sein:

- »Ich muss perfekt sein. Ich darf keine ›halbe Sachen‹ machen.«
- »Ich muss immer funktionieren. Ich kann mir keine Schwächen leisten.«
- »Ich kann nicht erfolgreich sein. Erfolg haben nur die anderen.«
- »Ich muss mich immer um andere kümmern! Ich muss schauen, dass es allen gut geht!«
- »Ich muss alles alleine schaffen. Ich darf von niemandem abhängig sein.«
- »Ich bin so hilflos. Ohne die anderen kann ich nichts machen.«

Dies sind nur einige wenige Beispiele für problematische innere Grundüberzeugungen. Um sie zu verändern und sich von ihnen frei zu machen, ist es nötig, sie zu erkennen. Der Einzelne kann sie ins aktive Bewusstsein holen und sie dann überprüfen.

Was sind Ihre persönlichen Grundüberzeugungen? Machen Sie sich mithilfe folgender Übung auf die Suche:

Übung: Die eigenen Glaubenssätze entdecken
Welche typischen Sätze fallen Ihnen ein? Welche davon stammen möglicherweise aus Ihrer Kindheit? Gibt es bestimmte Phrasen, die Ihre Eltern immer wieder zu Ihnen gesagt haben? Welche dieser Sätze hören Sie heute noch manchmal innerlich? Was sagt Ihr innerer Kritiker zu Ihnen?

Schreiben Sie die Sätze in Ihr Entrümpelungstagebuch.

Wählen Sie nun einen dieser Sätze aus. Wie genau beeinflusst Sie dieser Satz und die damit verbundene Lebenseinstellung? Wie verhalten Sie sich, wenn Sie diesen Satz hören? Wie fühlen Sie sich dabei?

Unsere Grundüberzeugungen beeinflussen unser Fühlen und unser Verhalten. Sich von diesen allzu kritischen und einengenden Glaubenssätzen zu befreien, ist in aller Regel keine einmalige oder einfache Entrümpelungsaktion. Diese gedanklichen Muster haben sich über Jahre und Jahrzehnte eingeschliffen. Ihre Veränderung ist dementsprechend ein längerer Lernprozess, der uns viel Geduld mit uns selbst abverlangt und manchmal auch Hilfe von außen erforderlich macht. Sollte beispielsweise die obige Übung zu den eigenen Glaubenssätzen bei Ihnen schwierige Erinnerungen oder sehr belastende Gefühle hervorgerufen haben, dann kann es sehr hilfreich und entlastend sein, sich therapeutische Unterstützung zu holen.

Die Auflösung der Glaubenssätze könnte folgendermaßen angegangen werden:[25] Jedem abwertenden Glaubenssatz kann ganz bewusst eine positive Affirmation entgegengestellt werden. Für jede positive Affirmation sollte dann eine neue, konkrete Handlung gefunden werden, mit der die positive Affirmation eingeübt und allmählich ins Leben integriert werden kann. Das neue Verhalten sollte möglichst konkret formuliert und regelmäßig trainiert werden. Das könnte etwa folgendermaßen aussehen:

Glaubenssatz	Positive Affirmation	Neues Verhalten
»Ich muss perfekt sein.«	»Ich bin ein Mensch und darf Fehler machen.«	• Ich gebe den Bericht ab, auch wenn ich nur zu 90 % mit ihm zufrieden bin. • Ich lasse die Vorspeise weg. Die Gäste werden den Hauptgang lieben und alle werden satt.
»Ich muss mich immer um andere kümmern! Ich muss schauen, dass es allen gut geht!«	»Jeder Mensch hat die Verantwortung für sich selbst. Ich darf mich um mich selbst kümmern.«	• Ich biete meinem Sohn nicht mehr an, seine Wohnung zu putzen. • Ich werde S. bitte, dass er sich den Akkubohrer nächstes Mal selbst abholt, wenn er ihn braucht.

Glaubenssatz	Positive Affirmation	Neues Verhalten
»Ich muss alles alleine schaffen. Ich darf von niemandem abhängig sein.«	»Ich darf die Hilfe von anderen annehmen.«	• Wenn mein Fahrrad das nächste Mal einen Platten hat, frage ich H., ob sie mir helfen kann, oder bringe es in die Werkstatt. • Ich frage R., ob er nächste Woche einmal meine Kinder hüten würde, damit ich endlich mal wieder rauskomme.

Wenn Sie das neue Verhalten üben, kann es Ihnen dennoch passieren, dass Sie »Rückfälle« haben, Rückfälle in die alten Glaubenssätze und alten Verhaltensmuster. Verurteilen Sie sich nicht dafür! Alte Glaubenssätze sind sehr stark und ihre Veränderung braucht viel Zeit und Geduld. Versuchen Sie, sich mit Ihren Glaubenssätzen auszusöhnen, während Sie gleichzeitig beständig an ihrer Auflösung und Veränderung weiterarbeiten. Wenn Sie also wieder einmal in Ihre Perfektionismusfalle geraten sind, dann verzweifeln Sie nicht, sondern üben Sie ganz einfach bei der nächsten Gelegenheit, Ihre Ansprüche an sich runterzuschrauben.

Üben Sie einen wohlwollenden Umgang mit sich selbst und erlauben Sie sich eine liebevolle, annehmende und großzügige Haltung gegenüber sich selbst. Eine gute Portion Humor kann dabei sehr hilfreich sein. Ein spielerischer Umgang mit den alten Prägungen und Überzeugungen öffnet neue Wege und bringt Leichtigkeit mit sich. Dies könnte folgendermaßen aussehen: Wenn die kritische Stimme zu laut wird, dann bitten Sie sie für einen Moment um Ruhe und lassen Sie das Wohlwollen zu Wort kommen. Das Wohlwollen wird Ihnen dann sagen, dass Sie sehr wohl etwas auf die Reihe bekommen, und es wird sie an viele kleine Erfolge erinnern, die Sie gehabt haben. Sind Sie jemand, der sich gerne um andere kümmert, wird Ihnen das Wohlwollen vielleicht sagen, dass Sie sich jetzt auch einmal um sich selbst kümmern dürfen und dass Sie nicht für das Glück und Wohlbefinden Ihrer Freundin oder Ihres Partners bzw. Partnerin verantwortlich sind. Oder wenn Sie gerade damit beginnen wollen, den Kleiderschrank zu entrümpeln und der kleine Vogel auf Ihrer Schulter Ihnen einflüstert, dass Sie das sowieso nicht schaffen und deshalb besser gar nicht erst damit anfangen, dann können Sie das Vögelchen begrüßen:»Ach, da bist du wieder, alter Nörgler. Du willst mich von der Arbeit abhalten. Aber ich habe jetzt keine Zeit für dich. Setz dich mal in die Küche, solange ich hier zugange bin.« Wenn Sie beim Entrümpeln von Gegenständen den Vogel hören, wie er Ihnen sagt:»Aber das kannst du doch vielleicht noch mal gebrauchen. Heb das mal sicherheitshalber auf!«, dann antworten Sie ihm:»Ja, ja, das ganze Leben ist ein einziges Risiko. Sicherheitshalber übe ich hier schon mal, das Risiko ›Loslassen‹ einzugehen.«

Menschen, die ihre Grundüberzeugungen überprüfen und zu verändern beginnen, sind manchmal überrascht, was sie über sich selbst erfahren. Sie lernen neue Facetten an sich kennen, neue Wünsche oder Gefühle, die sie bisher vermieden und unterdrückt hatten. Sie erleben, dass sie sehr viel vielfältiger und widersprüchlicher sind, als sie es gedacht hatten, und sehr viel mehr Möglichkeiten in sich tragen, wie sie ihr Leben gestalten können. Sie werden mutiger sich selbst und ihrem Leben gegenüber und gewinnen an Leichtigkeit und Lebendigkeit.

Mister Aufschub und Frau Gemütlichkeit: Unser inneres Team leiten

Die Auflösung alter Glaubenssätze und Gedankenmuster und das Einüben einer neuen Haltung und neuer Handlungsweisen fällt leichter, wenn es uns gelingt, dies mit einem guten Maß an Wohlwollen zu verbinden. Mithilfe von spielerischen und humorvollen inneren Dialogen können die hartnäckigen inneren Kritiker leichter an die Hand genommen und gezähmt werden.

Zunächst jedoch verwirren uns unsere oft widersprüchlichen inneren Stimmen und blockieren jede Handlung. In einer Beratungssitzung spielte sich folgende Geschichte ab, die dies sehr schön veranschaulicht:

Die Klientin betrat mit folgenden Worten den Raum:»Ich habe festgestellt, dass ich einen Mitbewohner habe. Und wissen Sie, wer das ist? Mister Aufschub hat sich bei mir eingenistet! Und er ist mir ein allzu guter Freund geworden. Das lasse ich jetzt nicht mehr zu. Ich kann mir doch nicht mehr alles gefallen lassen! Er versucht mich ständig zu umgarnen!›Jetzt noch nicht‹, sagt er, und schon hat er mich wieder herumgekriegt und ich habe nichts angepackt.«

Ich fragte nach, ob es noch andere Mitbewohner gäbe.»Oh ja, da ist noch Frau Gemütlichkeit, die es gerne nur gemütlich hat und nicht gestört werden will. Dann gibt es noch Herrn Solitär[26], mit dem vertreibe ich mir morgens nach dem Frühstück eine Stunde lang die Zeit. Manchmal aber komme ich von diesem Spiel nicht mehr los und schiebe alles andere auf.« Im weiteren Gespräch tauchten noch Frau Schlechtes Gewissen und Miss Faulheit auf, aber auch Lady Kreativität, die die Klientin immer mal wieder daran erinnerte, dass sie eigentlich Texte für ihre kreative Schreibgruppe verfassen wollte.

Ich bat sie nun, die Mitbewohner einzeln auf Karten zu schreiben, diese im Raum zu verteilen und dann ihre Mitbewohner jeweils einzeln zu Wort kommen zu lassen. Auf meinen Wunsch hin stellte sie sich nacheinander auf die verschiedenen Karten und sprach jeweils aus Sicht dieses Mitbewohners die Sätze aus, die sie in ihrem Alltag nur in ihren Gedanken hörte. Daraus entspann sich ein kleines Stück mit in etwa folgendem Dialog:

Herr Solitär:»Ah, ist das schön, das läuft gerade so gut, spiel doch gleich noch ein weiteres Spiel mit mir.«

Frau Schlechtes Gewissen:»Eigentlich solltest du ja mal was tun, du könntest endlich deinen Schreibtisch aufräumen, damit du mit dem Schreiben beginnen kannst.«

Miss Faulheit:»Das schaffst du jetzt aber wirklich nicht, da bist du heute viel zu faul dafür. Irgendwie kommst du gerade nicht in die Gänge.«

Mister Aufschub:»Ist ja auch nicht eilig, das hat Zeit. Das kannst du später noch machen.«

Lady Kreativität:»Aber du willst doch eigentlich schreiben. Dafür brauchst du einen frei geräumten Schreibtisch.«

Herr Solitär:»Spiel doch erst noch ein Spiel mit mir. Nur eins noch. Das ist so schön und wird dich entspannen.«
Frau Schlechtes Gewissen:»So wird das nie was. Wie willst du den Text jemals fertig bekommen? Wie stehst du denn da, wenn du wieder ohne Text in der Gruppe erscheinst?«
Frau Gemütlichkeit:»Ich glaube, ich mache uns allen jetzt erstmal eine schöne Tasse Tee. Es ist ja noch früh am Tag.«
Lady Kreativität:»Und nach dem Tee, fängst du dann an zu schreiben!? Ich hätte da so viele Ideen.«
Herr Aufschub:»Aber es gibt doch gar keine Eile! Du hast doch noch den ganzen Nachmittag Zeit zu schreiben.«
…

Fast jeder Mensch hat diese Art von »Gedankensalat« vermutlich schon einmal erlebt. In derartigen Momenten, wenn so viele verschiedene Stimmen gleichzeitig im Kopf herumschwirren, ist man meist hoffnungslos überfordert und zu gar keiner Handlung mehr fähig. Sich nur nicht mehr bewegen!

Schauen wir uns diese Stimmen aber einmal näher an, stellen wir fest, dass jede einzelne von ihnen einen Anteil unseres inneren Empfindens ausdrückt. Wir selbst sind unsere Mitbewohner, in ihnen finden wir unsere vielfältigen und teilweise sehr widersprüchlichen Gefühle und Motivationen wieder. Der Kommunikationstheoretiker Friedemann Schulz von Thun hat für die Arbeit mit diesen inneren Anteilen das Modell des »Inneren Teams« entwickelt.[27] Das »Innere Team« ist eine Metapher, die ermöglicht, unsere inneren Beweggründe, unseren inneren Antrieb differenziert zu betrachten. Jede Stimme drückt eine Dimension unseres inneren Antriebs aus und bekommt die Rolle eines »Teammitglieds«. In einem Team sind alle Mitglieder wichtig, alle haben ihre spezifische Aufgabe und Funktion. Das eigene Ich übernimmt die Teamleitung. Deren Aufgabe ist es, die Arbeit der Teammitglieder zu koordinieren, so dass jedes Mitglied an der passenden Stelle im dafür stimmigen Umfang zum Einsatz kommt.

Die Arbeit mit dem »Inneren Team« beginnt damit, dass man sich die einzelnen Stimmen bewusst macht, sie voneinander unterscheidet und sie benennt. Jede Stimme bekommt ihren eigenen Namen und hat eine ganz eigene Funktion. Der »Gedankensalat« wird also auf seine einzelnen Zutaten hin untersucht und erforscht. Wenn die Teammitglieder schließlich identifiziert sind, kommt jede Stimme, also jedes Teammitglied einzeln, zu Wort. Was sagt das Teammitglied Mister Aufschub, was sagt Lady Kreativität? Der Einzelne kann nun damit beginnen, sie dosiert zu Wort kommen zu lassen. Anstatt dem Fluss und dem Durcheinander der Stimmen hilflos ausgeliefert zu sein, kann er lernen, über ihren Einsatz zu bestimmen. Er übernimmt die Dirigentenrolle und bestimmt, wann welche Stimme zu Wort kommt und sich durchsetzt. Er selbst ist die Teamleitung seines »Inneren Teams« und koordiniert es.

Wenn uns bestimmte Aufgaben besonders schwerfallen, ist der »Gedankensalat« meist auch besonders verwirrend, weil dann sehr viele widersprüchliche Empfindungen mit im Spiel sind. Vielleicht geht es auch Ihnen so beim Thema Entrümpeln. Das Modell des »Inneren Teams« bietet dann eine sehr kreative und spielerische Möglichkeit, mit diesen widersprüchlichen Gefühlen und Stimmen umzugehen. Das Ziel dabei ist, aus der inneren Blockade, die durch einzelne dieser Stimmen entstehen kann, auszubrechen und selbst wieder die Kontrolle über das Team zu übernehmen.

Übung: Begegnung mit dem »Inneren Team«

Wie sieht Ihr »Inneres Team« aus? Welche Stimmen gibt es in Ihrem Inneren? Wie würden Sie die einzelnen Stimmen benennen?

Wenn Sie dabei gestalterisch kreativ werden möchten, können Sie beispielsweise für jede Stimme, die Sie in sich entdecken, eine eigene kleine Karte gestalten. Sie könnten zusätzlich zum »Namen« des Teammitglieds ein dazu passendes Symbol malen oder die Karte anderweitig verzieren. Sie widmen dadurch jedem Teammitglied ein bisschen Zeit und beginnen damit, sich mit ihnen anzufreunden. Das ist wichtig, auch gerade bei den Teammitgliedern, die Ihnen zu Beginn vielleicht unangenehm waren. Auch sie sind ein Teil Ihres Innersten und freuen sich über Ihr Wohlwollen.

Die Karten für Ihre Teammitglieder deponieren Sie an einem guten Platz in Ihrer Wohnung. Sie sollten schnell und unkompliziert zugänglich sein, ohne dass Sie viel suchen müssen. Wenn Sie nun also wieder einmal im »Gedankensalat« feststecken, können Sie die Karten zu Hilfe nehmen. Schauen Sie nacheinander die Karten durch und versuchen Sie herauszufinden, welches Ihrer Teammitglieder gerade am lautesten ruft. »Aha, du also meinst, du weißt am besten, was ich gerade will.« Was genau sagt dieses Teammitglied? Welches andere Teammitglied versucht denn außerdem, Ihre Aufmerksamkeit zu gewinnen? Was sagt dieses? Und welches Teammitglied geht in dem Lärm der anderen gerade völlig unter? Was würde es sagen, wenn es denn zu Wort käme?

Wenn Sie sich den einzelnen Teammitgliedern eine Weile gewidmet haben, legt sich das Chaos im Kopf vermutlich schon etwas. Übernehmen Sie nun das Ruder und entscheiden Sie, welches Teammitglied jetzt die Oberhand bekommen soll. Nehmen Sie die entsprechende Karte und legen Sie sie oben auf den Stapel. »Jetzt bist du dran.« Die anderen Teammitglieder vertrösten Sie auf später, die Karten wandern weiter unten in den Stapel zurück.

Das Spiel mit dem »Inneren Team« kann geübt werden. Sie werden sehen, dass es Ihnen immer leichter gelingen wird, Ihr »Inneres Team« zu leiten. Seien Sie dabei nicht zu streng mit sich, wenn es Ihnen mal nicht gelungen sein sollte. Versuchen Sie, es mit Humor zu nehmen: »Hallo, Mister Aufschub, ich sehe schon, heute hast du dich durchgesetzt, obwohl ich mich heute Morgen eigentlich für Lady Kreativität entschieden hatte. An deinem breiten Rücken ist wirklich schwer vorbeizukommen. Aber morgen versuche ich es noch mal und dann wirst du schon sehen, dass Lady Kreativität zu ihrem Recht kommt.«

Bei der Auswertung des Beratungsprozesses berichtete die Klientin in Bezug auf ihre »Mitbewohner«: »Ich bin mittlerweile strenger geworden mit meinen Leutchen und habe sie besser im Griff. Herr Solitär kommt nicht mehr so oft und auch Mister Aufschub ist ein kleines bisschen kleiner geworden. Auch wenn er leider immer noch der Größte in der Truppe ist. Aber ich habe viel gelernt, ich habe vor allem gelernt, mit mir selber besser zurechtzukommen.«

Schluss: Das Erreichte würdigen und die Zukunft gestalten

Nun ist es Zeit, innezuhalten und das Erreichte zu würdigen. Werfen Sie einen Blick auf die begonnene Veränderung. Genießen Sie die Erkenntnis, dass das Leben deutlich mehr Wege und Möglichkeiten bietet, als Sie vielleicht früher gedacht hatten.

Wie verändert Entrümpeln das eigene Leben?

Wer die Kunst des Loslassens einübt und schrittweise zu entrümpeln beginnt, verändert sich und sein Leben. Der innere Prozess des Loslassens und das Entrümpeln im Äußeren, bei den materiellen Dingen, wirken sich auf das ganze Leben und das persönliche Wohlbefinden aus. Wo entdecken Sie bei sich erste Veränderungen?

Übung: Wie verändert das Entrümpeln mein Leben?
Nehmen Sie sich einen Moment Zeit, die Frage »Wie verändert das Entrümpeln mein Leben?« auf sich wirken zu lassen und eine eigene Antwort zu finden.

Was hat sich in Ihrem Umfeld auf der äußeren Ebene bislang verändert? Wo haben Sie Schmuddelecken beseitigt oder Oberflächen frei geräumt? In welchen Schränken oder Schubladen haben Sie sich Platz geschaffen und Ordnung hergestellt? Wie viel alten Ballast haben Sie schon losgelassen und entsorgt?

Was hat sich auf der inneren Ebene bei Ihnen verändert? Wann gönnen Sie sich heute eine Pause, wo Sie früher weitergemacht haben? Gibt es eine Aktivität, die Sie entrümpelt oder auf andere Weise einem freundlicheren Lebensfluss angepasst haben? Gibt es Beziehungen, in denen Sie mehr Klarheit geschaffen haben und die sich heute leichter anfühlen? Oder haben Sie in Ihren alltäglichen Gewohnheiten etwas verändert, so dass Sie

sich heute besser fühlen? Hat sich vielleicht noch etwas ganz anderes verändert?
Notieren Sie Ihre Erfolge in Ihrem Entrümpelungstagebuch.

Die Veränderungen, die mit dem Entrümpeln einhergehen, können sämtliche Lebensbereiche berühren. Auf der äußeren Ebene, also in der Wohnung, in Keller, Dachboden, Garage und Garten sind die Veränderungen sehr offensichtlich und greifbar, in anderen Lebensbereichen machen sich die Veränderungen in einer neuen Haltung und einem entspannteren Herangehen an das Leben bemerkbar.

Wer erfolgreich entrümpelt, schafft sich in seinem Wohnumfeld mehr Platz. Die Wohnung wirkt größer und heller, es gibt leere Flächen und mehr Luft zum Atmen. Meist wird beim Entrümpeln alter Staub und Schmutz entfernt, und es gibt danach weniger Dinge, die neuen Staub ansammeln können. Die Wohnung wirkt dadurch frischer. Entrümpeln ist wie eine sanfte Brise, die die Wohnung durchweht und sie energetisch reinigt.

Die Dinge, für deren Verbleib Sie sich entschieden haben, verbreiten ein Wohlgefühl, denn sie wurden von Ihnen ausgewählt und haben einen guten Platz bekommen. Sie warten nun darauf, dass sie von Ihnen genutzt werden und dass Sie sich an ihnen erfreuen. Sie verbringen weniger Zeit mit Suchen und finden Ihre Sachen im Handumdrehen. Auch das tägliche Aufräumen wird leichter, weil es nun insgesamt weniger Sachen gibt, die aufgeräumt werden müssen.

Der permanente Stress, der mit den alltäglichen Anforderungen des Lebens verbunden war, ist dadurch deutlich weniger geworden, und Sie haben mehr Energie für Ihre wichtigen Aufgaben. Wenn die alten Aktenordner, die kaputten und ausgetrockneten Stifte und die ungeordneten Papierstapel weggeräumt, entsorgt

»Ich kann mich jetzt besser strukturieren. Wenn ich etwas anfange, bringe ich es häufiger zu Ende als früher. Ich lasse mich nicht mehr ganz so leicht ablenken.«

oder abgeheftet sind, wird es Ihnen leichter fallen, sich regelmäßig um die aktuelle Post zu kümmern. Sie brauchen keine extra Zeit mehr zum Aufräumen des Schreibtischs, wenn Sie schreiben oder malen wollen. Sie fühlen sich freier und leichter, weil der alltägliche Druck und das latente Gefühl von Schuld und Scham weniger geworden oder weg sind. Vielleicht ist auch etwas Ruhe in Ihr Leben eingekehrt, weil Sie die eine oder andere Aktivität weniger machen und sich etwas mehr Zeit für Muße und Entspannung gönnen. Sie haben Ihr persönliches gutes Maß an Ordnung gefunden, in dem Sie sich wohl und lebendig fühlen.

Menschen, die sich in den inneren Prozess des Loslassens begeben, lernen sich selbst besser kennen. Sie werden sich klarer über ihre innersten Motivationen, die sie zu bestimmten Handlungen bewegen, und haben ein deutlicheres Bild davon, was ihnen guttut, was ihnen wichtig ist und wie sie ihr Leben gestalten möchten. Indem sie achtsamer für sich selbst werden und unterscheiden lernen, was ihnen guttut und was nicht, gewinnen sie an Selbstvertrauen. Im Prozess des Entrümpelns entscheiden sie

»Ich kann jetzt etwas besser Nein sagen, wenn jemand anruft und sich mit mir treffen will, ich aber keine Energie dafür habe. Ich lerne, besser zu mir zu stehen.«

sich immer wieder neu, etwas Altes loszulassen und sich auf etwas Neues, Unbekanntes einzulassen. Dies stärkt die eigene Energie und bringt das Leben ins Fließen, auch in Bereichen, die vorher wie festgefahren schienen. Das macht mutiger. So mutig, dass sie womöglich beginnen, einen lang gehegten Wunsch umzusetzen, etwas anzugehen, wozu ihnen vorher das letzte Quäntchen Mut gefehlt hatte.

Indem Menschen lernen zu entscheiden, erleben sie sich als Handelnde. Die Sicherheit, die sie vorher in ihren angesammelten Gegenständen gesucht haben, finden sie nun in sich selbst. Es fällt ihnen leichter, Prioritäten zu setzen, Entscheidungen zu treffen und zu handeln. Sie werden optimistischer in ihre Zukunft blicken und fühlen sich dem, was kommt, gewachsen.

Das Entrümpeln macht das Leben leichter. Menschen, die diesen Weg der äußeren und inneren Klärung gehen, werden auch in ihren Beziehungen zufriedener, weil sie mehr Zeit mit den Menschen verbringen, die ihnen guttun. Aus den anderen, Energie raubenden Beziehungen haben sie sich gelöst. Sie sind entspannter, weil sie anderen Menschen nichts mehr vorspielen müssen. Es fällt ihnen immer leichter, sich selbst in ihrer ganzen Widersprüchlichkeit und ihrer ganzen Vielfalt anzunehmen und zu zeigen. Dabei helfen ihnen ein wohlwollender Umgang mit sich selbst sowie die Nachsicht mit sich, wenn der innere Kritiker doch mal wieder

»Mein schlechtes Gewissen ist etwas weniger geworden. Das war vorher fast schon ein Grundgefühl. Immer habe ich mich innerlich gerechtfertigt, wenn ich dachte, etwas falsch gemacht zu haben oder den Erwartungen der anderen nicht zu entsprechen. Das ist deutlich besser geworden.«

die Oberhand gewonnen oder Herr Aufschub sich mal wieder breitgemacht hat.

Wenn Sie sich selbst auf den Weg des Loslassens gemacht haben, genießen Sie die neue Lebensqualität und das Gefühl von Zufriedenheit, das Sie immer häufiger erleben werden.

Den freien Raum gestalten

Wo neuer Raum entstanden ist, bietet das Leben Gestaltungsmöglichkeiten. Und so lade ich Sie abschließend zu einer kleinen inneren Reise ein, die als Anregung für die Gestaltung Ihrer Räume dienen kann.

Übung: Die innere Reise durch einen Landschaftsgarten
Setzen Sie sich bequem hin und entspannen Sie sich. Richten Sie dann Ihr inneres Auge auf das folgende Bild:

Vor Ihnen liegt ein weitläufiger Landschaftsgarten. Sie betreten ihn durch ein schmiedeeisernes Tor und spazieren auf einem Weg durch eine Allee alter Bäume. Dahinter öffnet sich der Blick auf eine weite Wiese, auf der Menschen picknicken und ein paar Kinder ihre Drachen steigen lassen. Sie gehen weiter, der Weg schlängelt sich eine kleine Anhöhe mit Büschen und Bäumen hinauf. Oben ist eine kleine Lichtung, und Sie lassen den Blick schweifen. Sie setzen sich auf die Bank, die dort steht, und genießen die Weite, die sich vor Ihnen ausbreitet. Dabei entdecken Sie einen kleinen See, auf dem sich Enten und ein paar Schwäne tummeln. Nach einer kleinen Pause gehen Sie weiter. Der Weg führt Sie durch einen kleinen Wald alter, knorriger Bäume, dazwischen entdecken Sie Blumen und Sie hören Vögel zwitschern. Immer wieder öffnet sich der Blick auf eine Lichtung oder auf eine kleine Wiese, auf der Menschen in der Sonne liegen und die Wärme genießen. Am Ende des Wäldchens führt Sie der Weg einen Hügel hinunter, direkt auf einen Rosengarten zu, der gerade in voller Blüte steht. Sie suchen sich einen schattigen Platz auf einer Bank, atmen den Duft der Rosen ein und genießen die Stille, die dieser Ort verbreitet.

Sie fragen sich vielleicht, was ein Landschaftsgarten mit dem Thema Entrümpeln zu tun hat. Die Idee des Landschaftsgartens kam mir bei der Frage, wie der frei geräumte Platz in der Wohnung nun gestaltet werden könnte. Dabei erinnerte ich mich an meine vielen wohltuenden Spaziergänge durch die Landschaftsgärten in meiner Wohnumgebung und daran, was mich dort immer wieder – neben dem reinen Naturerleben – so fasziniert: Es ist das Wissen darum, dass diese Gärten von Menschen angelegt und gestaltet wurden und dennoch wie natürlich gewachsen wirken. Es ist die Abwechslung, die diese Landschaftsgärten auf begrenztem Raum bieten, und es sind die kleinen Überraschungen, die oft unvermittelt sichtbar werden. Zudem gefällt mir die Vielzahl an Nutzungsmöglichkeiten dieser Gärten: Auf Spielwiesen kann gespielt und getobt werden, und lange verschlungene Pfade machen ausgiebige Spaziergänge möglich. Es gibt ausreichend Rückzugsmöglichkeiten für Menschen, die Ruhe und einen stillen Ort suchen. Neben vielen Kleinoden wie den Blumenrabatten oder den Wildpflanzen öffnen die Gärten immer wieder den Blick in die Weite, über Wiesen oder Gewässer.

Dieses Bild des Landschaftsgartens kann auf die Gestaltung der eigenen Wohnung übertragen werden. Stellen Sie sich vor, Sie wären Landschaftsgärtner oder Landschaftsgärtnerin in Ihrer Wohnung: Welche Nutzungsqualitäten soll Ihre Wohnung beherbergen? Was möchten Sie dort tun? Welche unterschiedlichen Bedürfnisse, Wünsche und Aktivitäten sollen dort Platz haben? Nehmen Sie sich Zeit herauszufinden, welche verschiedenen Bedürfnisse Sie in Ihrer Wohnung leben und erfüllen möchten. Jedes Bedürfnis hat seinen ganz eigenen Wert und braucht seine eigenen Rahmenbedingungen. Das Bedürfnis nach Geselligkeit braucht eine andere Gestaltung der Umgebung als das Bedürfnis nach Ruhe, der Arbeitsplatz eine andere als das Schlafbedürfnis. Wie viele Gegenstände sollen in den einzelnen Bereichen sein, wie viele Bilder sollen wo an die Wand und welche? Gibt es Wände, die ganz ohne Bilder bleiben? Welche Farben passen zu den verschiedenen Bedürfnissen?

Ein besonderer Fokus bei der Einrichtung oder Veränderung in der Wohnung kann auf die bewusste Gestaltung von Unterschieden je nach Wohnbereich gelegt werden. Lebendige, frische oder leuchtende Farben sorgen für Lebendigkeit in der Wohnung, dezente und gedeckte Farben schaffen eine ruhige Atmosphäre. Auch ein Wechsel von Fülle und Leere kann bei der Wohnungsgestaltung kreativ genutzt werden. In welchen Bereichen brauchen Sie ganz viel »Material« und lieben die Anregung, die Fülle und die Auswahl? Und in welchen Wohnbereichen genießen Sie die Abwesenheit von Dingen, die Leere, den freien Raum? In der Unterschiedlichkeit erleben wir die einzelnen Qualitäten viel bewusster und intensiver. Durch die Unterschiedlichkeit in der Gestaltung geben wir der Wohnung und unserem dortigen Alltag eine Struktur. Wie sieht Ihre Struktur aus?

Folgen Sie Ihrem Herzen und gestalten Sie Ihren Lebensraum in einer Weise, die Ihrem Wesen entspricht.

Indem Sie so manches Chaos gebändigt und manches Zuviel aussortiert haben, haben Sie neuen Raum gewonnen – im Inneren wie im Äußeren. Das ist der Raum, in dem Neues entstehen und erblühen kann, jetzt, morgen oder in ein paar Jahren.

Erfreuen Sie sich an der Fülle Ihres Lebens: Ihres Besitzes, Ihrer wohltuenden Beziehungen und Ihrer bereichernden Aktivitäten. Und genießen Sie zugleich die neue Leichtigkeit in Ihrem Leben, die Sie durch das Loslassen und Entrümpeln gewonnen haben.

Anhang

Tipps auf einen Blick: Wohin mit den Sachen?

»Die Sachen sind doch noch zu gut zum Wegwerfen!« Dieser Satz ist ein hartnäckiger Entrümpelungsgegner – und er stimmt allzu oft. Was für den einen an Nutzwert verloren hat, kann für jemand anderen wichtig und wertvoll sein, weil er eine Verwendung dafür hat. Die Gegenstände des Alltags gewinnen in dem Moment an neuem Wert, in dem sie in ihrer Funktion wieder in den Nutzungskreislauf zurückgeführt werden – sei es in ihrer ursprünglichen Funktion oder in einer ganz neuen, kreativen Weise.[28]

Ich erlebe es am Tauschmobil und in den Beratungen immer wieder, um wie viel leichter Menschen das Loslassen, Ausmisten und Entrümpeln fällt, wenn Sie wissen, dass die Gegenstände nicht einfach nur im Müll landen, sondern neue Besitzer finden und von diesen weiter genutzt werden.

In diesem Anhang möchte ich Ihnen ein paar Möglichkeiten vorstellen, was Sie mit Ihren aussortierten Sachen tun können, um ihnen ein zweites Leben zu ermöglichen. Wichtig dabei ist, dass alle Gegenstände, die Sie anderen weitergeben, vollständig, schön, sauber und noch voll funktionsfähig sind, so dass sich der Beschenkte oder die Käuferin tatsächlich darüber freuen kann.

Die folgenden Auflistungen enthalten einige Beispiele, um Ihnen Ideen und Anregungen zu geben, wie Sie aktiv werden können. Die Adressen sind manchmal nach Postleitzahl, manchmal nach Alphabet geordnet. Die Listen haben keinen Anspruch auf Vollständigkeit. Welche Ideen haben Sie selbst noch darüber hinaus?

Insbesondere die räumliche Verteilung der genannten Projekte ist sehr lückenhaft und dient lediglich als Anregung dafür, um selbst im eigenen Umfeld zu recherchieren, was es dort noch so alles gibt. Durch meine Auswahl möchte ich zeigen, dass diese Art von Projekten im Norden wie im Süden, im Osten wie im Westen

Deutschlands zu finden ist, sowohl in großen und kleinen Städten als auch in ländlichen Regionen und kleinen Dörfern. Recherchieren Sie im Internet oder fragen Sie in sozialen Projekten in Ihrer Umgebung oder in Ihrer Stadt- bzw. Gemeindeverwaltung nach, und Sie werden so manches Projekt entdecken, von dem Sie bislang nichts wussten.

Verschenken und Tauschen

Entrümpeln mit Spaß: Tauschpartys im Freundeskreis
Tauschpartys im Freundeskreis eignen sich wunderbar, um ungenutzte Gegenstände zu verschenken, selbst beschenkt zu werden, und sie bescheren zudem allen Beteiligten einen vergnüglichen Abend unter netten Menschen. Tauschpartys können auf eine bestimmte Produktsorte hin ausgerichtet werden, indem beispielsweise nur Kleidung getauscht wird oder wenn es reine Büchertauschpartys sind. Oder sie werden als ganz offen angekündigt, und es können alle Dinge getauscht werden, die man in Händen tragen kann. Größere Gegenstände wie Möbel oder Fahrräder können mithilfe von Fotos mitgebracht werden.

Die Organisation einer Tauschparty ist ganz einfach: Laden Sie ein paar Freundinnen und Freunde zu sich ein, mit denen Sie gerne Sachen tauschen möchten. Bitten Sie alle, eine Kleinigkeit zu essen oder zu trinken mitzubringen, so dass die Vorbereitungen für die Party auf alle Teilnehmenden verteilt werden. Räumen Sie eine kleine Fläche in Ihrer Wohnung frei, wo die mitgebrachten Schätze ausgelegt werden können. Vielleicht hat einer der Teilnehmenden sogar einen mobilen Kleiderständer, den er mitbringen könnte. Nun kann das muntere Tauschen beginnen. Wer möchte, kann eine kleine Geschichte zu den verschenkten Gegenständen erzählen. Wer weiß die schönste, lustigste oder schrecklichste Geschichte zu erzählen? Kleidung wird sofort anprobiert und über Bücher wird philosophiert.

Vorab sollte geklärt werden, was mit den Dingen geschieht, die keinen neuen Besitzer finden. Es könnte vereinbart werden, dass jeder seine mitgebrachten Sachen wieder selbst mitnimmt. Oder es könnte sich jemand zur Verfügung stellen, der die übrigen Sachen gesammelt zu einem Schenkladen bringt.

Über das Internet organisierte Tauschpartys
Im Internet finden sich die verschiedensten Foren, in denen Tausch-partys organisiert werden. Am häufigsten sind die Klamotten-tauschpartys. Das Angebot derartiger Partys reicht von Bruchsal über Dachau bis Köln oder Bielefeld, von Berlin über Düsseldorf bis Jena oder München. – Es braucht lediglich ein bis drei Organisatoren, die Termin, Ort und ein paar grundlegende Regeln festsetzen und pos-ten, und schon kann die Party starten. Als Veranstaltungsorte eigen-nen sich öffentliche Parks oder Cafés.

- www.kleiderkreisel.de
- www.klamottentausch.net
- www.klamotten-tausch-party.de
- Auch www.facebook.com bietet sich zur Verabredung von Klei-dertauschpartys an. Beispiel: www.facebook.com/Tauschparty-OnlyForWomen.

Tauschpartys in Cafés, Vintageläden und sozialen Einrichtungen
Es gibt einige kleinere Läden, Cafés und Projekte, die regelmäßig Tauschpartys veranstalten:

- **Troc,** Gelegenheiten e.V., Weserstraße 50, 12045 Berlin-Neu-kölln, www.gelegenheiten-berlin.de. Alle zwei Monate findet eine Kleidertauschparty statt.
- **Veist Kleidergeschichten,** Vintage-Mode, Selchower Straße 32, 12049 Berlin-Neukölln, www.veistberlin.com. Getauscht wird ohne Tauschwährung. Gern gesehen sind kleine Geschich-ten zu den Kleidungsstücken.
- **Fundbureau,** Stresemannstraße 114, 22769 Hamburg. Un-kompliziertes Tauschen bei Partymusik mit Electro-Beats vom DJ-Liveset.
- **Bielefelder Tauschboutique,** www.7kleiderleben.de. Tausch-partys bei Diskomusik mit DJ.

171

- **Dominique Saal und 3kreativ,** Gutenbergstr. 24, 45128 Essen, www.dominique-saal.com. Kleidertauschparty mit Diskussionsrunde zu den Themen Nachhaltigkeit und Modekonsum.
- **»Café dasHaus«,** integratives Eventcafé der Lebenshilfe Ludwigshafen, Rheinhorststraße 38, 67071 Ludwigshafen, www.cafe-dashaus.de. Tauschpartys und Flohmärkte.
- **Kleidertauschparty im Zähringer Treff,** Weitblick Freiburg, Kandelstraße 56, 79106 Freiburg.
- **Martha – Café, Begegnung und Kultur,** Marthastraße 35, 90482 Nürnberg, www.marthacafe.de. Im Café des Mehrgenerationenwohnprojekts findet regelmäßig ein Kleider-Café statt.
- **Repaircafés:** In mehreren Städten Deutschlands gibt es sogenannte Repaircafés. Dort kann man alleine oder mit Unterstützung von Fachleuten kaputte Sachen wie elektrische Geräte, Möbel, Fahrräder oder Kleidung reparieren. Manche Repaircafés veranstalten am Ende des Tages zusätzlich Tauschpartys wie z. B. in Regensburg: Umsonstladen Wechselwelt, Steckgasse 6, 93047 Regensburg, www.transition-regensburg.de.

Groß angelegte Klamottentauschpartys
Größere Klamottentauschpartys werden demgegenüber häufig etwas stärker reglementiert, indem nur eine bestimmte Anzahl an Kleidungsstücken mitgebracht werden darf, die dann mit Punkten bewertet wird. Gemäß der Punktezahl dürfen dann entsprechend viele Kleidungsstücke selbst mitgenommen werden. Diese Tauschpartys können sich nach Modestil ausdifferenzieren oder gezielt für den Tausch hochwertiger Mode ausgeschrieben sein.

Manchmal werden diese Partys zusätzlich zu sozialen Zwecken genutzt, indem durch Getränkeverkauf Gelder für soziale Projekte eingenommen werden oder übrige Kleidung an soziale Projekte gespendet wird.
- Ein Beispiel hierfür ist die Tauschgold-Klamotten-Tausch-Party vom 27.4.2014 in Bochum. Deren Erlös wurde an Pro Asyl gespendet und die übrigen Kleidungsstücke wurden an ein Flüchtlingsheim weitergegeben.
www.bo-alternativ.de/2014/04/27/klamotten-tausch-party-2.

- In Braunschweig organisiert Greenpeace Klamottentauschpartys. www.greenpeace-braunschweig.de.
- In Dortmund ist das Netzwerk OpenGlobe Dortmund mit Tauschpartys aktiv. www.eine-welt-netz-nrw.de.
- In Osnabrück organisiert die Deutsche Bundesstiftung Umwelt (DBU) Tauschpartys im DBU Zentrum für Umweltkommunikation, An der Bornau 2, 49090 Osnabrück. Getauscht werden können Bekleidung, Schuhe, Taschen und Accessoires sowie Bücher und Hörbücher.
- Greenpeace Koblenz veranstaltet Kleidertauschpartys im KUBA (Koblenzer Umweltbüro), Eltzerhofstraße 10, 56068 Koblenz.
- In München organisiert die Umweltschutzorganisation Green City e. V. alle drei bis vier Monate Kleidertauschpartys. www.greencity.de/themen/energie/kleidertauschpartys.

Schenkflohmärkte und Schenktage
Ein Schenkflohmarkt ist ähnlich organisiert wie ein Flohmarkt, nur dass die Waren, die jeder mitbringt und ausstellt, keine Preisschilder haben, sondern verschenkt werden. Jeder kann sich frei bedienen ohne Gegenleistung. Die Währung des Schenkflohmarktes ist die Freude.
- Einen monatlichen Schenkflohmarkt gibt es in Berlin-Pankow. www.schenkflohmarkt-pankow.jimdo.com.
- Ein regelmäßiges »Schenkvergnügen« organisiert wellYunit in Kooperation mit MARTINIerLEBEN in der Begegnungsstätte Martinistr. 33, 20251 Hamburg. www.wellyunit.com.
- Im süddeutschen Raum findet der sogenannte Schenktag weite Verbreitung. Ursprünglich von den Abfallwirtschaftsämtern in Baden-Württemberg initiiert, hat sich der Schenktag in vielen Städten und Gemeinden etabliert und wird zumeist einmal jährlich durchgeführt. Oft handelt es sich um Kooperationen der Stadtverwaltungen mit den ortsansässigen Tauschringen. So finden, um nur einige Beispiele zu nennen, in Augsburg, Donauwörth, Kempten, Immenstadt, Ravensburg, Wangen, Weingarten und Biberach jährliche Schenktage statt.

- Auf der Internetplattform www.tauschen-ohne-geld.de sind alle Tauschringe nach Bundesland aufgelistet. Über die örtlichen Tauschringe können Schenktage erfragt werden.

Schenkläden

Die Idee der Schenkläden ist die des Schenkens, Tauschens und Teilens. Dabei ist das Geben und Nehmen unabhängig voneinander. Wer etwas zu verschenken hat, kann es dort abgeben, wer etwas sucht und findet, kann es mitnehmen. Wie bei den Schenkflohmärkten ist auch hier die einzige Währung die Freude. Wesentlich für ein Funktionieren dieses Systems sind die Fairness und eine solidarische Einstellung aller Beteiligten.

Da diese Projekte alle ehrenamtlich organisiert sind, sind die Öffnungszeiten begrenzt und über die jeweilige Homepage zu finden. Einige Beispiele:
- **Kost-Nix-Laden** Cottbus, Deffkestr. 11, 03046 Cottbus, www.kostnixladencb.blogsport.eu.
- **Leila,** Schenk- und Leihladen, Fehrbelliner Straße 92, 10119 Berlin, www.leila-berlin.de.
- **Tauschmobil,** Schenkladen auf Rädern, Samstags von 10–16 Uhr auf dem Wochenmarkt in der Seelower Straße, 10439 Berlin, www.tauschmobil.de.
- **Ula** – Umsonstlädin an der Technischen Universität (TU), Einsteinufer 25, 10587 Berlin, www.ula.blogsport.de.
- **la datscha,** Am Babelsberger Park 15, 14482 Potsdam, www.ladatscha.blogsport.de.
- **Umsonstladen Greifswald,** Wolgaster Str. 85, 17489 Greifswald, www.umsonstladen-greifswald.de.
- **Umsonstladen Bremen,** Gastfeldstr. 104, 28201 Bremen, www.umsonstladenbremen.blogsport.de.
- **Schenkladen Coyote,** Fabrikweg 16, 39264 Deetz, www.coyote-deetz.de/schenkladen.
- **Umsonstladen Düsseldorf,** Heerstr. 19, 40227 Düsseldorf, www.niemandsland.org.
- **Umsonstladen Trier,** Schönbornstr. 7, 54295 Trier, www.umsonstladen-trier.de.

- **Umsonstladen Freiburg,** KTS Freiburg, Basler Straße 103, 79100 Freiburg, www.kts-freiburg.org.
- **Luftschloss – Umsonstladen Würzburg,** Posthalle (Rückseite), 97070 Würzburg, www.umsonstladen4wuerzburg.wordpress.com.
- **www.umsonstladen.de** – Auf dieser Internetseite finden Sie Adressen von weiteren Umsonstläden bundesweit und darüber hinaus.

Giveboxen

Eine kleine Variante des Schenkladens sind die Giveboxen. Das Wort entstammt dem Englischen; das Verb »to give« bedeutet »geben« oder »schenken«. Die Giveboxen sind meist eine Art großes, überdachtes Regal oder ein Container mit Regalbrettern und Kleiderstange, die im öffentlichen Raum aufgestellt werden und für jeden zugänglich sind. Jeder kann seine Geschenke in die Regale selbst einsortieren oder Dinge mitnehmen, unabhängig davon, ob er etwas gebracht hat. Meist kümmert sich eine kleine Gruppe von Menschen darum, dass die Orte gepflegt werden.

- Giveboxen gibt es beispielsweise in Aachen, Berlin, Düsseldorf, Hamburg, Hannover, Kiel, Köln, Münster, Offenburg, Schleiz, Spaichingen und Waren/Müritz. Eine Auflistung von bestehenden und geplanten Giveboxen finden Sie unter: www.facebook.com/note.php?note_id=269015689777067.

Büchertauschboxen

Büchertauschboxen folgen demselben Prinzip und sind attraktive, kleine Oasen zum unkomplizierten Tauschen und Verschenken von Büchern. Ihre Gestaltung reicht von einfachen Regalen über alte Telefonzellen bis hin zu dicken Baumstämmen, in die kleine Öffnungen mit Türen eingebaut sind, in denen die Bücher deponiert werden können. Diese Buchtauschboxen sind weit verbreitet und finden sich selbst in kleinen Dörfern.

- Beispielstandorte: Ludwigstraße, Aschaffenburg; Klostergasse, Bensheim; Sredzkistraße, Berlin; Poppelsdorfer Allee, Bonn; Hauptstraße, Brodowin; Hauptstraße, Denzlingen; Nürnberger Straße, Erlangen; Uferstraße, Forst (Lausitz); Große Scharrnstraße, Frankfurt (Oder); Johannisstraße, Fulda; Werderplatz, Karlsruhe; Rosenplatz, Münster; Brunnenplatz, Sinzig; Parkstraße, Wustrow.

- Recherche über: www.tauschgnom.de/offene-buecherschraenke oder in manchen Städten wie z. b. Köln, Duisburg oder Lörrach über die Homepages der regionalen Bürgerstiftungen oder anderer gemeinnütziger Einrichtungen.

Bücher für soziale Zwecke spenden

- Der **Berliner Büchertisch** ist ein gemeinnütziger Verein, der Buchspenden zu Hause abholt und in zwei Läden zu günstigen Preisen weiterverkauft sowie an soziale und öffentliche Einrichtungen wie Kindergärten, Schulen und Bibliotheken weiterverschenkt: www.berliner-buechertisch.de.
- **Donaustrudl-Buchrecycling:** Das Regensburger Straßenzeitungsprojekt»Donaustrudl« nimmt gebrauchte Bücher an (Dr.-Theobald-Schrems-Str. 4) und verkauft diese an verschiedenen Verkaufsstellen weiter. So finden alte Bücher neue Besitzer und es entstehen gleichzeitig Arbeitsplätze. Der Erlös aus dem Verkauf kommt den Aktivitäten des»Donaustrudl« zugute: www.donaustrudl.de.
- Gut erhaltene Kinderbücher werden von **Kindertagesstätten** oftmals gerne angenommen. Fragen Sie in den Einrichtungen in Ihrer Umgebung nach.
- Viele **Gefängnisse** verfügen über eigene Bibliotheken und freuen sich über Bücherspenden.

Open-Air-Bibliothek

Die Stiftung **dragondreams** hat eine Open-Air-Bibliothek ins Leben gerufen. Die Bücher, die der Stiftung gespendet werden (Schönfließer Str. 7, 10439 Berlin), werden als»Freies Buch« gekennzeichnet, mit dem Zusatz»mitnehmen, lesen, freilassen«, und verschenkt oder irgendwo im öffentlichen Raum abgelegt. Jeder kann das Buch mitnehmen, lesen und es dann weiterverschenken. www.dragondreams.de.

176

Bookcrossing – online
Die Internetplattform **www.bookcrossing.de** beschreibt sich selbst als »Bibliothek für die ganze Welt«. Ein Buch, das weitergegeben werden soll, wird gekennzeichnet, so dass es unverwechselbar wird. Über die Online-Plattform erfährt der Gebende, wie das Buch von Leser zu Leser wandert. Die Beteiligten können in Kontakt zueinander treten, sich austauschen und Geschichten miteinander teilen. Bookcrossing.de ist also auch ein soziales Netzwerk, so dass das Verleihen eines Buches durch den virtuellen Austausch zusätzlich mit viel Freude und Vergnügen verbunden sein kann.

Internetbörse:
Tauschen und Verschenken von Büchern online:
www.archiv.twoday.net/stories/3351291.

Gebrauchtwarenkaufhäuser
In einigen Städten gibt es Gebrauchtwarenkaufhäuser, die Sachspenden entgegennehmen und zu günstigen Preisen wieder verkaufen. Dabei handelt es sich zumeist um gemeinnützige Beschäftigungsprojekte, die Arbeitsmöglichkeiten für Menschen schaffen, die aus dem ersten Arbeitsmarkt langfristig ausgeschlossen waren. Beispiele dafür sind:
- **Projekt Zukunft e. V.,** Gebrauchtwarenkaufhaus, Reinhardtstr. 4, 09130 Chemnitz-Sonnenberg.
- **Motz e. V.,** Friedrichstraße 226, 10963 Berlin, www.motz-berlin.de.
- **STILBRUCH Altona,** Ruhrstraße 51, 22761 Hamburg, www.stilbruch.de.
- **Hempels Gebrauchtwarenhaus Norderstedt,** Stormarnstraße 34–36, 22844 Norderstedt, www.hempels.norderstedt.de.
- **GebrauchtmöbelKaufhaus,** Levinstr. 1, 37073 Göttingen, www.neue-arbeit-brockensammlung.de.
- **Gebrauchtwarenkaufhaus Biedenkopf,** Marktplatz 15, 35216 Biedenkopf.
- **kaufbar Viersen,** Heimbachstraße 19a, 41747 Viersen, www.kaufbar-viersen.de.

- **Arbeit für Rösrath e. V.** (AfR), Hauptstraße 105, 51503 Rösrath, www.afrev.de.
- **Gebrauchtwarenkaufhäuser in Bonn,** Standorte unter www.schatzinsel-bonn.de.
- **Neufundland,** Lärchenstraße 135, 65933 Frankfurt am Main, www.neufundland-frankfurt.de.
- **Secondhandladen »Café Krempel«,** Schlehdornweg 53a, 69469 Weinheim, www.ifa-heidelberg.de.
- **Gebrauchtwarenkaufhaus Da Capo Reutlingen,** Emil-Adolff-Straße 14, 72760 Reutlingen, www.gebrauchtwaren-reutlingen.de.
- **Die Spinnwebe,** Krozinger Straße 11, 79114 Freiburg, www.die-spinnwebe.de.
- **GebrauchtWarenHaus Sendling,** Bavariastraße 30–36, 80336 München, www.weißer-raabe.de.
- **Kaufhaus Regenbogen,** Ottostraße 1, 95448 Bayreuth.

Tausch- und Verschenkmärkte per Internet
Die folgenden Tausch- und Verschenkmärkte sind per Internet organisiert, geschenkt und getauscht wird aber in der Regel auf lokaler/regionaler Basis, zumeist für Selbstabholer.
- Berlin: www.bsr-verschenkmarkt.de
- Böblingen: www.verschenkboerse-awb-bb.de
- Bremen: www.bremen.de/leben-in-bremen/stadtteile/muell
- Dresden: www.dresden.abfallspiegel.de
- Freiburg: www.verschenkmarkt-freiburg.de
- Hamburg: www.stilbruch.internet-verschenkmarkt.de
- Heidelberg: www.heidelberg.internet-verschenkmarkt.de
- Karlsruhe: karlsruhe.internet-verschenkmarkt.de
- Kassel: www.kassel-lk.internet-verschenkmarkt.de
- Region Aachen/Düren: www.tauschen-und-verschenken.de
- Stuttgart: www.stuttgart.de/verschenkmarkt
- Überregionale Onlineplattform: www.armesland.de

Weitere Spendemöglichkeiten und Secondhandeinrichtungen für gebrauchte Sachen

- Die Berliner Stadtreinigung (BSR) hat auf ihrer Homepage eine Seite »Spenden statt wegwerfen« eingerichtet, die mehrere Seiten umfasst und viele Berliner Einrichtungen und deren konkreten Sachspendenbedarf auflistet: www.bsr.de/9406.html.
- Secondhandführer München und Umland: www.awm-muenchen.de/privathaushalte/abfallvermeidung/secondhandfuehrer.html.
- Broschüre Familienfreundliches Ravensburg mit vielen Secondhand-Adressen: www.ravensburg.de.
- Secondhandführer Nürnberg: www.nuernberg.de/imperia/md/agenda21/dokumente/secondhandguide.pdf.

All diese Adressen sollen und können nur Anregungen sein, um selbst aktiv zu werden. Welche Tauschbörsen, Projekte und Einrichtungen gibt es in Ihrer Wohnumgebung? Fragen Sie in Ihrer Stadt- bzw. Gemeindeverwaltung oder bei sozialen Einrichtungen nach oder recherchieren Sie im Internet, welche Möglichkeiten es in Ihrem Umfeld gibt, Sachen zu verschenken oder zu tauschen.

Verkaufen

Neben den klassischen Secondhand-Verkaufsstellen wie Buchantiquariaten und Secondhandläden für Kleidung, die gebrauchte Ware an- und weiterverkaufen, ist der Flohmarkt eine Möglichkeit, seine ausgedienten Sachen zu verkaufen. Wenn man zusammen mit Freunden einen Stand anmietet, verschafft man sich nicht nur Platz in der Wohnung und bessert die Haushaltskasse auf, sondern hat noch jede Menge Spaß dabei.

Darüber hinaus bietet vor allem das Internet unzählige Möglichkeiten, gebrauchte Sachen zu verkaufen, z. B. bei Amazon-Marketplace und eBay-Kleinanzeigen.

Für den Tausch oder das Verkaufen von Büchern gibt es einige weitere Internetplattformen: Tauschticket, MeinBuch-deinBuch, Hitflip, medimops, momox, rebuy, flip4new, regalfrei, abebooks, booklooker, tauschgnom.

Sowohl bei Tauschticket wie auch bei Hitflip lassen sich neben Büchern auch Hörbücher, Filme, Musik-CDs und Computerspiele tauschen und verkaufen.

Dank

Ich danke allen Menschen, die mir am Tauschmobil und in den Beratungen ihr Vertrauen schenken. Durch Sie alle habe ich so viel gelernt und lerne jeden Tag Neues dazu. Wie vielschichtig die Lebenskunst des Loslassens ist, hat sich mir in unseren Gesprächen offenbart, und dies hat mich dazu bewogen, dieses Buch zu schreiben. Ich hatte den Wunsch, diese Erkenntnisse möglichst vielen Menschen zugänglich zu machen. Ganz besonders danke ich Anja Kießling für die tiefgründigen Gespräche zum Thema Entrümpeln und Loslassen und für viele anregende Ideen.

Ich danke meinem Mann, Christian Spatscheck, sowie Sigrun Wetzel, Rosi Wetzel und Martina Birenheide, die meine Texte gegengelesen und sie mit mir diskutiert haben. Ich danke euch für euer Vertrauen, eure Ermutigung und eure vielfältigen inhaltlichen und sprachlichen Anregungen.

Nicht zuletzt danke ich meinem Verlag und meiner Verlagslektorin, Christiane Neuen, die meine Herangehensweise an das Thema des Loslassens und Entrümpelns unterstützte und mich zugleich herausforderte, an manchen Stellen neue Wege zu denken.

Anmerkungen

1 Zum Thema Postwachstumsökonomie vgl. z. B. Paech, Niko (2012): Befreiung vom Überfluss. Auf dem Weg in die Postwachstumsökonomie. oekom, München.
2 Vergleiche dazu auch die Wegwerfstrategie von Küstenmacher, Marion, und Küstenmacher, Werner Tiki (2011): simplify your life. Küche, Keller, Kleiderschrank entspannt im Griff. Knaur Taschenbuch, München, S. 21.
3 Zur Wahrnehmung der eigenen Gefühle und zum achtsamen Umgang mit seinen Gefühlen kann ich folgendes Buch sehr empfehlen: Knuf, Andreas (2013): ruhe, ihr quälgeister. Wie wir den kampf gegen unsere gefühle beenden können. Arkana, München.

4   Für Erziehungsmethoden, die auf Gewalt und Einschüchterung beruhen, prägte Katharina Rutschky 1977 den Begriff »Schwarze Pädagogik«: Rutschky, Katharina (1997): Schwarze Pädagogik. Quellen zur Urgeschichte der bürgerlichen Erziehung. Neuausgabe. Ullstein TB, Berlin. Der Begriff »Schwarze Pädagogik« wurde von Alice Miller später aufgegriffen und weiter ausgearbeitet, u. a. in ihrem 1980 erschienenen Buch *Am Anfang war Erziehung*: Miller, Alice (2014): Am Anfang war Erziehung. 26. Auflage. Suhrkamp, Frankfurt am Main.

5   Zum Thema Glaubenssätze, deren Wirkung sowie deren Bearbeitung und Auflösung vergleiche das Unterkapitel »Gedankliche Bilder und Glaubenssätze auflösen und erneuern« in Kapitel 5.

6   In Anlehnung an das Modell des Werte- und Entwicklungsquadrats, das von Paul Helwig stammt und von Friedemann Schulz von Thun weiterentwickelt wurde, betrachte ich die Werte Ordnungsliebe und Ruhebedürfnis als Schwestertugenden, die, wenn sie in einer »ausgehaltenen Spannung« oder »Balance« sind, beide eine konstruktive Wirkung entfalten können. Ohne diese Balance besteht die Gefahr, dass einer der Werte zu seiner »entwertenden Übertreibung« verkommt. Das kann einerseits die Pedanterie bzw. der Ordnungszwang sein, andererseits die extreme Selbstvernachlässigung. Siehe dazu: Schulz von Thun, Friedemann (2014): Miteinander reden 2: Stile, Werte und Persönlichkeitsentwicklung. Rowohlt, Reinbek bei Hamburg, S. 43ff.

7   In einer Gesellschaft, die sehr leistungs- und konsumorientiert ist, könnte eine interessante weiterführende Frage sein, welche Rolle auch der tatsächliche Preis eines Geschenks spielt, welchen Symbolwert dem Preisschild beigemessen wird und wie der Wunsch nach Gleichberechtigung in einer Beziehung unser Kauf- und Schenkverhalten beeinflusst.

8   Sehr anschaulich schildert Marie Kondo ihre Geschichte mit dem Verschenken von Dingen, die sie selbst nicht mehr mochte: Kondo, Marie (2013): Magic Cleaning. Wie richtiges Aufräumen Ihr Leben verändert. Rowohlt, Reinbek bei Hamburg.

9   Die Sprache beeinflusst das Denken und das Handeln. Eine klare Ausdrucksweise hilft, die eigenen Gedanken zu strukturieren und im Kontakt mit anderen klarer aufzutreten. Das eigene Handeln wird für die anderen verständlicher. Vergleiche dazu auch das Beispiel, Bitten zu formulieren im Unterkapitel »Beziehungen klären und loslassen« in Kapitel 5.

10   Sprenger, Reinhard K. (2005): Das Prinzip Selbstverantwortung. Wege zur Motivation. Limitierte Sonderausgabe. Campus, Frankfurt am Main / New York, S. 41.

11   Ley, Katharina (2013): Loslassen und neu beginnen – Die Kunst des Beendens. In: Reddemann, Luise (Hg.) (2013): Zeiten des Wandels. Die kreative Kraft der Lebensübergänge. Kreuz, Freiburg im Breisgau, S. 185–193.

12   Schmid, Wilhelm (2012): Was uns tröstet. In: Psychologie Heute. August 2012. 39. Jahrgang, Heft 8, S. 67f.

13   Vgl. Knuf (2013): ruhe, ihr quälgeister. Andreas Knuf beschreibt sehr anschaulich, wie »Gefühle auf Zeitreise gehen«. Er nennt die Gefühle, die aus einer anderen Zeit stammen, »biographische Gefühle«, »denn sie haben mehr mit unserer Lebensgeschichte zu tun als mit der Gegenwart« (S. 39).

14 Zum Loslassen der immateriellen Lebensbereiche siehe Kapitel 5.

15 Vgl. auch Unterkapitel »Sich die eigenen Ziele klarmachen« in Kapitel 2.

16 Vgl. Ende, Michael (2008): Jim Knopf und der Scheinriese. Thienemann, Stuttgart/Wien.

17 Mehr zum Thema Entrümpeln von überkommenen Glaubenssätzen siehe das Unterkapitel »Gedankliche Bilder und Glaubenssätze auflösen und erneuern« in Kapitel 5.

18 Dieses Vorgehen beruht auf der Methode von Marie Kondo, die sie in ihrem Buch *Magic Cleaning* (2013) beschreibt.

19 Siehe dazu das »Moore'sche Gesetz«: Gordon Moore prognostizierte in den sechziger Jahren, dass sich die Rechnerleistung von Computern jährlich verdoppelt, 1975 relativierte er die Aussage auf eine Verdoppelung alle zwei Jahre. Heute geht man davon aus, dass der Zeitraum der Verdoppelung von Rechnerleistung etwa 18 Monate beträgt.

20 Diese »Regel« stammt von: Allen, David (2011): Wie ich die Dinge geregelt kriege. Selbstmanagement für den Alltag. 14. Auflage. Piper, München.

21 Für die Auseinandersetzung mit dem Thema Burn-out, dem Erkennen von Frühwarnsignalen und den eigenen Umgang mit Belastungen empfehle ich folgendes Buch: Fiedler, Claudia, und Goldschmid, Ilse (2010): Burn-out: Erprobte Wege aus der Falle. C. H. Beck, München.

22 Vgl. dazu auch: Sprenger, Reinhard K. (2004): Die Entscheidung liegt bei Dir! Wege aus der alltäglichen Unzufriedenheit. Überarbeitete Neuauflage. Campus, Frankfurt am Main / New York.

23 Rosenberg, Marshall B. (2012): Gewaltfreie Kommunikation. Eine Sprache des Lebens. 10. Auflage. Junferman, Paderborn.

24 Wie sehr die Zuschreibungen von Eltern und Bezugspersonen das eigene Selbstbild und das eigene Handeln beeinflussen können, habe ich in Kapitel 1 am Beispiel der inneren Bilder zum Thema Ordnung ausgeführt. Zum Thema Glaubenssätze vergleiche außerdem Knuf (2013): ruhe, ihr quälgeister. S. 35ff.

25 Vergleiche zum Thema Auflösen von Glaubenssätzen auch die Methode der Selbstwertanalyse von Röhr, Heinz-Peter (2015): Die Kunst, sich wertzuschätzen. Angst und Depression überwinden – Selbstsicherheit gewinnen. 5. Auflage, Patmos, Ostfildern.

26 *Solitär* ist ein PC-Spiel.

27 Friedemann Schulz von Thun (2014): Miteinander reden 3: Das »Innere Team« und situationsgerechte Kommunikation. 23. Auflage. Rowohlt, Reinbek bei Hamburg.

28 Sowohl Recycling wie auch Upcycling verleihen ehemaligem Müll und Gerümpel einen neuen Wert, der manchmal sogar über dem Ursprungswert des Gegenstandes liegt.

Literatur

Allen, David (2011): Wie ich die Dinge geregelt kriege. Selbstmanagement für den Alltag. 14. Auflage. Piper, München.

Ende, Michael (2008): Jim Knopf und der Scheinriese. Thienemann, Stuttgart/Wien.

Fiedler, Claudia, und Goldschmid, Ilse (2010): Burn-out. Erprobte Wege aus der Falle. C. H. Beck, München.

Grill, Evelyn (2010): Der Sammler. 2. Auflage. Haymon TB, Innsbruck/Wien.

Helwig, Paul (1965): Charakterologie. 4. Auflage. Klett Verlag, Stuttgart.

Jordan, Bill (2008): Welfare and well-being. Social value in public policy. The Policy Press, Bristol.

Kingston, Karen (2005): Feng Shui gegen das Gerümpel des Alltags. 14. Auflage. Rowohlt TB, Reinbek bei Hamburg.

Knuf, Andreas (2013): ruhe, ihr quälgeister. wie wir den kampf gegen unsere gefühle beenden können. Arkana, München.

Kondo, Marie (2013): Magic Cleaning. Wie richtiges Aufräumen Ihr Leben verändert. Rowohlt, Reinbek bei Hamburg.

Küstenmacher, Marion, und Küstenmacher, Werner Tiki (2011): simplify your life. Küche, Keller, Kleiderschrank entspannt im Griff. Vollständige Taschenbuchausgabe. Knaur Taschenbuch, München.

Ley, Katharina (2013): Loslassen und neu beginnen – Die Kunst des Beendens. In: Reddemann, Luise (Hg.) (2013): Zeiten des Wandels. Die kreative Kraft der Lebensübergänge. Kreuz, Freiburg im Breisgau, S. 185–193.

Miller, Alice (2014): Am Anfang war Erziehung. 26. Auflage. Suhrkamp, Frankfurt am Main.

Paech, Niko (2012): Befreiung vom Überfluss. Auf dem Weg in die Postwachstumsökonomie. oekom, München.

Pohle, Rita (2009): Weg damit! Von A bis Z: Das Leben entrümpeln, Freiräume gewinnen. Goldmann, München.

Röhr, Heinz-Peter (2015): Die Kunst, sich wertzuschätzen. Angst und Depression überwinden – Selbstsicherheit gewinnen. 5. Auflage. Patmos, Ostfildern.

Rosenberg, Marshall B. (2012): Gewaltfreie Kommunikation. Eine Sprache des Lebens. 10 Auflage. Junferman, Paderborn.

Rutschky, Katharina (1997): Schwarze Pädagogik. Quellen zur Urgeschichte der bürgerlichen Erziehung. Neuausgabe. Ullstein TB, Berlin.

Schmid, Wilhelm (2012): Was uns tröstet. In: Psychologie Heute, August 2012, 39. Jahrgang, Heft 8, S. 67–71.

Schulz von Thun, Friedemann (2014): Miteinander reden 2: Stile, Werte und Persönlichkeitsentwicklung. Rowohlt, Reinbek bei Hamburg.

Schulz von Thun, Friedemann (2014): Miteinander reden 3: Das »Innere Team« und situationsgerechte Kommunikation. 23. Auflage. Rowohlt, Reinbek bei Hamburg.

Schwermer, Heidemarie (2003): Das Sterntalerexperiment. Mein Leben ohne Geld. Goldmann, München.

Sprenger, Reinhard K., (2004): Die Entscheidung liegt bei Dir! Wege aus der alltäglichen Unzufriedenheit. Überarbeitete Neuauflage. Campus, Frankfurt am Main / New York.

Sprenger, Reinhard K. (2005): Das Prinzip Selbstverantwortung. Wege zur Motivation. Limitierte Sonderausgabe. Campus, Frankfurt am Main / New York.

Bildnachweis

Christian Spatschek	Gabi Rimmele und ihr Tauschmobil. Foto: Abb. 1
Christian Spatschek	Im Gespräch am Tauschmobil. Foto: Abb. 2